KINGS LEAGUE
InfoJobs

KINGS LEAGUE InfoJobs

LA GUÍA OFICIAL

SUS SECRETOS MEJOR GUARDADOS, ENTREVISTAS EXCLUSIVAS Y TODO LO QUE NUNCA TE HAN CONTADO

Grijalbo

Papel certificado por el Forest Stewardship Council®

MIXTO
Papel | Apoyando la silvicultura responsable
FSC® C117695

Penguin Random House Grupo Editorial

Primera edición: noviembre de 2024

Printed in Spain – Impreso en España

ISBN: 978-84-253-6777-9
Depósito legal: B-14.528-2024

Temabcn, por el diseño de maqueta y por la composición

Impreso en Talleres Gráficos Soler, S. A.
Esplugues de Llobregat (Barcelona)

GR 6 7 7 7 9

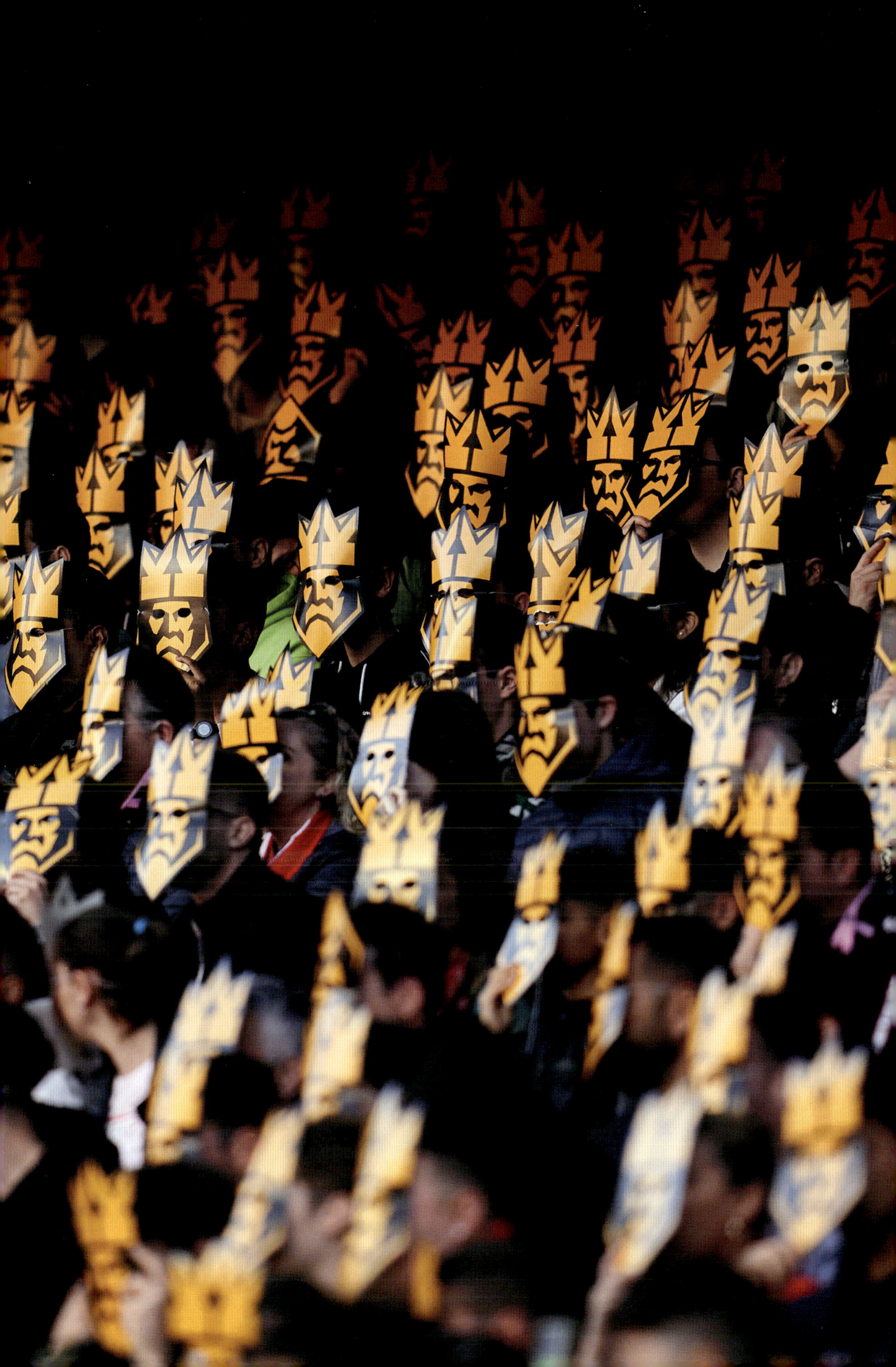

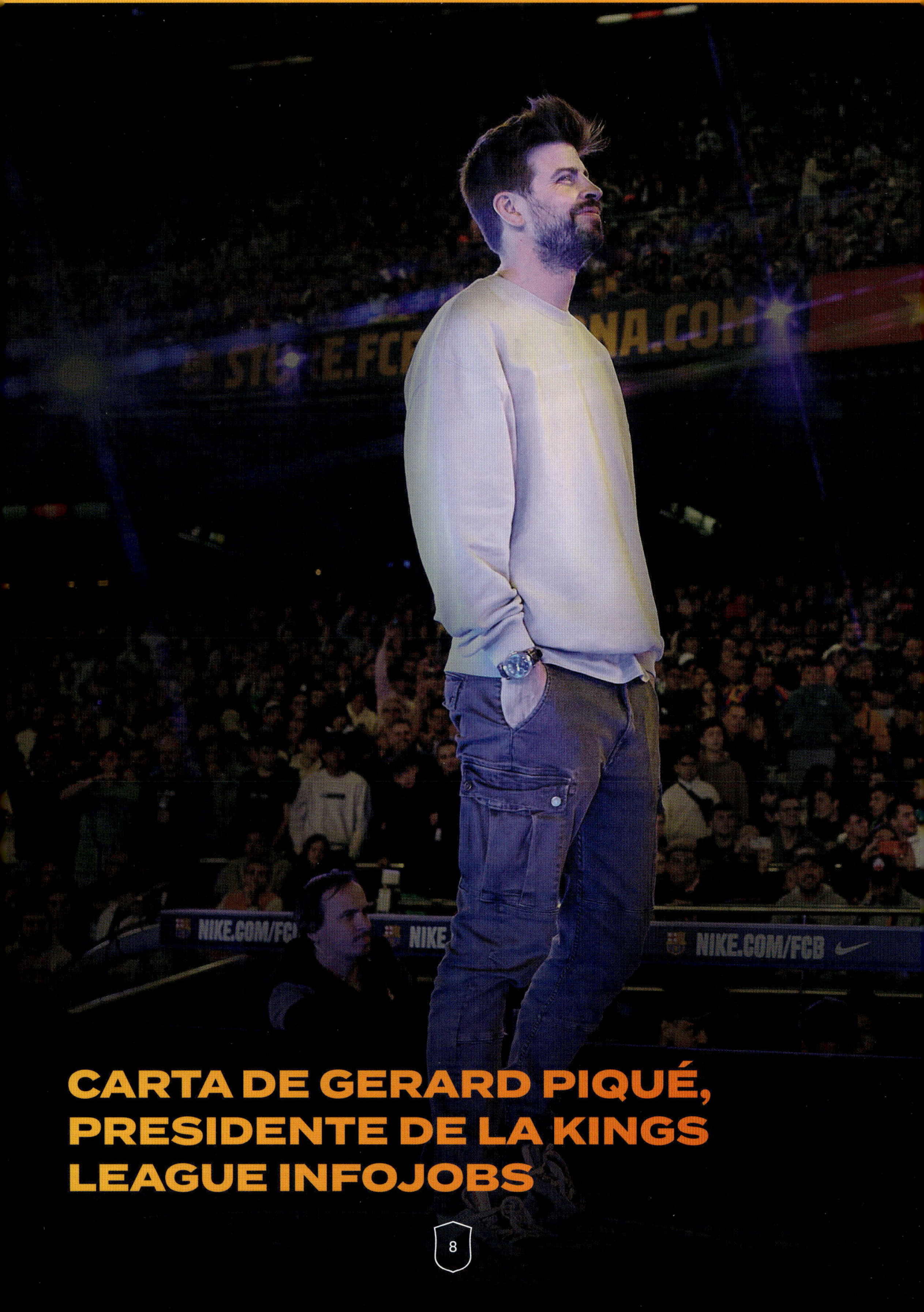

CARTA DE GERARD PIQUÉ, PRESIDENTE DE LA KINGS LEAGUE INFOJOBS

¡Hola, soy Gerard!

Estoy seguro de que vas a disfrutar de esta completa guía sobre la Kings League InfoJobs, la competición con la que queríamos darle la vuelta a cómo unir el mundo del fútbol que tantas alegrías me ha dado en mi carrera con el de los creadores de contenido y sus comunidades: una mezcla perfecta de la que podía salir algo muy grande, pero **ni yo mismo me imaginaba entonces que sería tan bestial.**

Recuerdo perfectamente esas semanas de locura con la lista de los potenciales presidentes en una pizarra, viendo cómo día a día se iba completando hasta hacerse realidad el día de la presentación. También los nervios y el trabajo del equipo para poder estrenar la histórica primera jornada, el 1 de enero de 2023. Sin casi tiempo para darnos cuenta de lo que estábamos creando, planteamos al FC Barcelona y al presi Laporta la posibilidad de jugar en el Camp Nou la Final Four. Es probable que tú fueras una de esas 92.522 personas que llenaron el estadio más grande de Europa o una de los millones que nos siguieron por internet. ¡Qué barbaridad! Desde el recibimiento a los grandes protagonistas, los jugadores, con miles de aficionados vestidos con bufandas y camisetas de los equipos, hasta el ambiente de Champions en Can Barça con el estadio totalmente loco tras cada gol. Puro cine.

El éxito nos hizo plantearnos al día siguiente la gran pregunta: ¿ahora qué? Por el camino, habíamos traído a Chicharito de la MLS, disfrazado al Kun de Joker, y acompañado a todo un balón de oro como Ronaldinho al ritmo de una batucada, pero después vinieron Pirlo, Shevchenko o Cissé y volvimos a arrasar en un estadio como el Metropolitano. La creación de la Queens League Oysho fue un hito y un gran salto para nosotros, igualando la competición masculina y femenina. Estrellas como Mapi Vilas, Mar Serracanta o Alba Mellado ya son historia de la Queens y no puedo sentirme más orgulloso del nivel futbolístico y del *show* que aportan todas al proyecto, con la máxima involucración de las presis. No me olvido de la Prince Cup Sprinter, la versión para niños y, probablemente, la que mueve más ilusión entre sus protagonistas.

No bajamos el ritmo en La Rosaleda, donde quizá vivimos el ambiente más espectacular que recuerdo en una fase final. Fue tremendo ver cómo una ciudad se volcaba de esa forma, con Joaquín como anfitrión y de nuevo los Kings y Queens dando puro espectáculo en un estadio a reventar. Pero queríamos más, sabíamos que podíamos ir más allá y la Kingdom Cup no solo trajo la primera liga de fútbol en la que jugadoras y jugadores competían juntos en un mismo partido, sino que introdujimos normas que rompían con todo lo anterior, como la escalera inicial de la que hoy seguimos disfrutando.

En 2024 llegó el momento de traspasar fronteras. Creo que, tras el nacimiento de la Kings League Américas y la pasión con la que vivimos la Kings World Cup, estamos en una nueva fase, consolidando un fenómeno que ya es global. La fiebre de la Kings ha llegado a todo el mundo y era impensable para cualquiera, también para nosotros, haber juntado a leyendas del fútbol como Ibrahimović, Neymar, Hazard, Totti, Ferdinand, Götze, Nasri... México ha sido solo el primer paso, la semilla que ha sembrado esta locura que empezamos hace ya casi dos años. Esto ya es imparable.

El techo solo lo pondréis vosotros, los fans. Desde el inicio fuisteis el centro del proyecto, votando las normas clave, aportando nuevas ideas y creando una comunidad que a día de hoy es enorme, en todos los rincones, a cualquier hora y sea cual sea la plataforma. Solo puedo decir GRACIAS, GRACIAS y GRACIAS. ¡Que siga el circo!

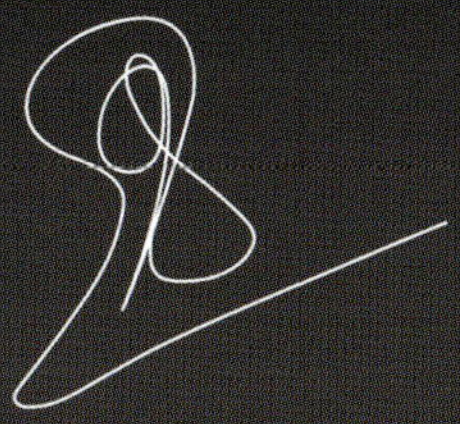

Gerard Piqué

CARTA DE ORIOL QUEROL, CEO DE LA KINGS LEAGUE INFOJOBS

Domingo, 1 de enero de 2023, 15.45. Faltan quince minutos para empezar la primera jornada de la historia de la Kings League InfoJobs. Los operarios que llevan semanas reformando el Cupra Arena trabajan contra reloj en los últimos detalles de la plataforma donde estarán los comentaristas. El realizador mantiene una reunión de última hora con los operadores de cámara. Los árbitros pasean por el césped comentando el reglamento. El público empieza a ocupar sus puestos en la grada. Ya no hay marcha atrás, el primer partido está a punto de empezar. El proyecto en el que llevamos tanto tiempo trabajando arranca.

Medio año antes. Julio de 2022. En un restaurante de Barcelona comemos Ibai, Gerard Piqué y yo. Por primera vez, aparece durante la comida la idea de crear una liga de fútbol en la que los *streamers* sean los propietarios de los equipos. La conversación se anima y llamamos a Spursito y Gerard Romero. Llegan en los cafés. Debatimos durante horas sobre cómo debería ser esta nueva competición. Al salir, el proyecto ha arrancado y tenemos ya tres equipos confirmados.

Los meses que pasaron entre estas dos escenas fueron una carrera de obstáculos. Uno a uno, Gerard y yo fuimos hablando con los creadores de contenido y los futbolistas que queríamos invitar al proyecto. Ese era el primer paso. Si la lista era potente, el resto de los problemas tendrían solución.

Marcamos en el calendario la fecha del 10 de noviembre para el evento de presentación. Era el primer gran *deadline*. Ese día la lista de los presidentes tendría que estar cerrada y cada uno debería tener su nombre y escudo. Poco a poco, los contratos se iban firmando, pero algunos tenían dudas. Luego he sabido que hubo muchas llamadas esos días entre presidentes, planteándose sus temores los unos a los otros. **Finalmente, llegó el efecto dominó. Queríamos diez equipos y habíamos trabajado en paralelo con once candidatos para estar cubiertos. Pero todos dijeron que sí.** A dos días del anuncio, teníamos que tomar una decisión complicada. No quisimos hacerlo. En lugar de prescindir de un presidente, decidimos subir a doce equipos. Faltaba un lugar por ocupar y llamamos a Iker Casillas. El resto es historia.

Aquellos meses de noviembre y diciembre fueron una absoluta locura. Las camisetas, la web, el pabellón, las pantallas, los jugadores, los patrocinadores... Cientos y cientos de detalles que tenían que estar listos para la primera jornada. Todo el equipo de Kosmos trabajó sin descanso, también durante las fiestas navideñas.

La jornada inaugural fue un éxito absoluto. El primer día ya vimos golazos, polémicas, leyendas, armas secretas... y todo lo que haría grande la Kings en los meses siguientes. Al terminar la tarde, ya con el Cupra vacío, pero con la adrenalina aún disparada, hubo muchos abrazos. Por un lado, **estábamos orgullosos de haber llegado a tiempo y de haberlo hecho con nota.** Por el otro, había bastante trabajo por delante.

Ha llovido mucho desde entonces. Hemos vivido muchas cosas: jornadas históricas, grandes eventos, alegrías, enfados, victorias y derrotas. El equipo ha crecido muchísimo, hemos lanzado nuevas ligas y hemos vivido hasta un mundial.

Pero nuestra ilusión sigue intacta.

Larga vida a la Kings.

Oriol Querol

ÍNDICE

ÍNDICE ONOMÁSTICO

HISTORIA

La teoría del momento eureka, nacida en la Grecia clásica, razona que las mejores ideas nacen cuando somos capaces de desconectar, alejándonos de la rutina diaria. De esta forma, a inicios de 2022, nació la idea primigenia de la Kings League InfoJobs. Por aquel entonces, Gerard todavía era futbolista profesional y el proyecto no era más que un «te imaginas que hacemos...».

Poco a poco la idea fue evolucionando hasta la famosa comida fundacional, en un conocido restaurante de Barcelona, en la que Piqué, Oriol, Ibai, Gerard Romero y Spursito empezaron a marcar las líneas maestras de la competición.

El 19 de diciembre de 2022 se realizó la presentación en público del proyecto. **«Queríamos hacer un fútbol distinto al entendido hasta entonces. Queremos que puedan ver a los presidentes negociando, entrar a los vestuarios, escuchar a los árbitros...»**, argumentó Piqué ante Cristinini al inicio del evento.

En esta presentación los doce presidentes pudieron exponer las primeras líneas de sus proyectos deportivos e, igualmente, Piqué explicó las normas por las que se regiría la competición, a expensas de futuros cambios. Con respecto a esto, uno de los pilares de la Kings League InfoJobs es la volatilidad del reglamento, a causa de los cambios votados por la audiencia y los presidentes.

Paralelamente a la presentación **más de doce mil jugadores ofrecieron su candidatura para formar parte del draft**, aunque solo llegaron algo más de doscientos a las pruebas finales. Solo una semana después de la presentación en público del proyecto se confirmó el draft definitivo, en el que se seleccionaron los ciento veinte futbolistas que pasaron a integrar las plantillas de los doce equipos.

Tan solo cinco días después de la selección del draft, y prácticamente sin poder entrenar, los equipos debutaron en partido oficial. Fue el día de Año Nuevo de 2023, que nos dejó los primeros momentos históricos de la competición: el primer tanto, obra de Guillem ZZ, o el clásico entre Saiyans y Porcinos, con el gol final de Capdevila.

Mientras la competición avanzaba y vivía picos de audiencia por encima de los dos millones, con la participación de Enigma 69, el Joker o Ronaldinho, la organización liderada por Piqué consiguió que Joan Laporta cediera el Camp Nou para albergar la primera Final Four de la competición.

En el templo azulgrana la Kings League InfoJobs montó su primer macroevento, con 92.522 espectadores en las gradas. Las actuaciones musicales y los eventos pirotécnicos se alternaron mientras El Barrio se proclamaba campeón del primer split, con un Cristian Ubón superlativo que se llevó el MVP.

Finalizado el primer split se presentó un proyecto de economía virtual. Con este modelo, las plantillas se regeneraron por completo, variando su estructura de arriba abajo. Se vivieron programas antológicos en plató por los que desfilaron varios jugadores que debían elegir la camiseta del equipo en el que jugarían los próximos splits.

Con las nuevas plantillas listas, el 7 de mayo volvió la competición al Cupra Arena. Y de ahí hasta las se-

gundas grandes finales, en esta ocasión en el Cívitas Metropolitano, casa del Atlético de Madrid. El Barrio estuvo a punto de proclamarse campeón de nuevo, pero xBuyer Team los privó del bicampeonato. Los «macarras» se coronaron en Madrid, al lado de PIO FC en la Queens League Oysho.

Al finalizar el segundo split de la Kings League InfoJobs y el primero de la Queens, los equipos compitieron también en la Prince Cup Sprinter, la versión para niños de doce años en la que Los Troncos venció a Jijantes en la final, lo que demostró que el futuro de la Kings está asegurado.

Antes de finalizar el año Ultimate Móstoles se proclamó campeón de la Kings Cup en La Rosaleda, en una gran final ante Los Troncos (8-1). También logró su primer entorchado Poroinos, en la competición mixta denominada Kingdom Cup, al vencer a Ultimate Móstoles (7-2) en la final disputada en el Palau Sant Jordi.

En 2024, ya con el césped negro, la competición inició su tercer split. Aniquiladores fue el campeón de la fase regular y logró el acceso a la Final Four, mientras que Saiyans, Jijantes y Ultimate Móstoles, casualmente segundo, tercero y cuarto, fueron quienes los acompañaron en el WiZink Center de Madrid, sede de las finales.

Saiyans y Ultimate Móstoles se citaron en la final, tras eliminar a Jijantes y Aniquiladores, respectivamente. Los de TheGrefg, en una apoteósica final, alzaron el título tras levantar tres goles de diferencia (4-3), liderados por un gran Dani Liñares, máximo goleador del split.

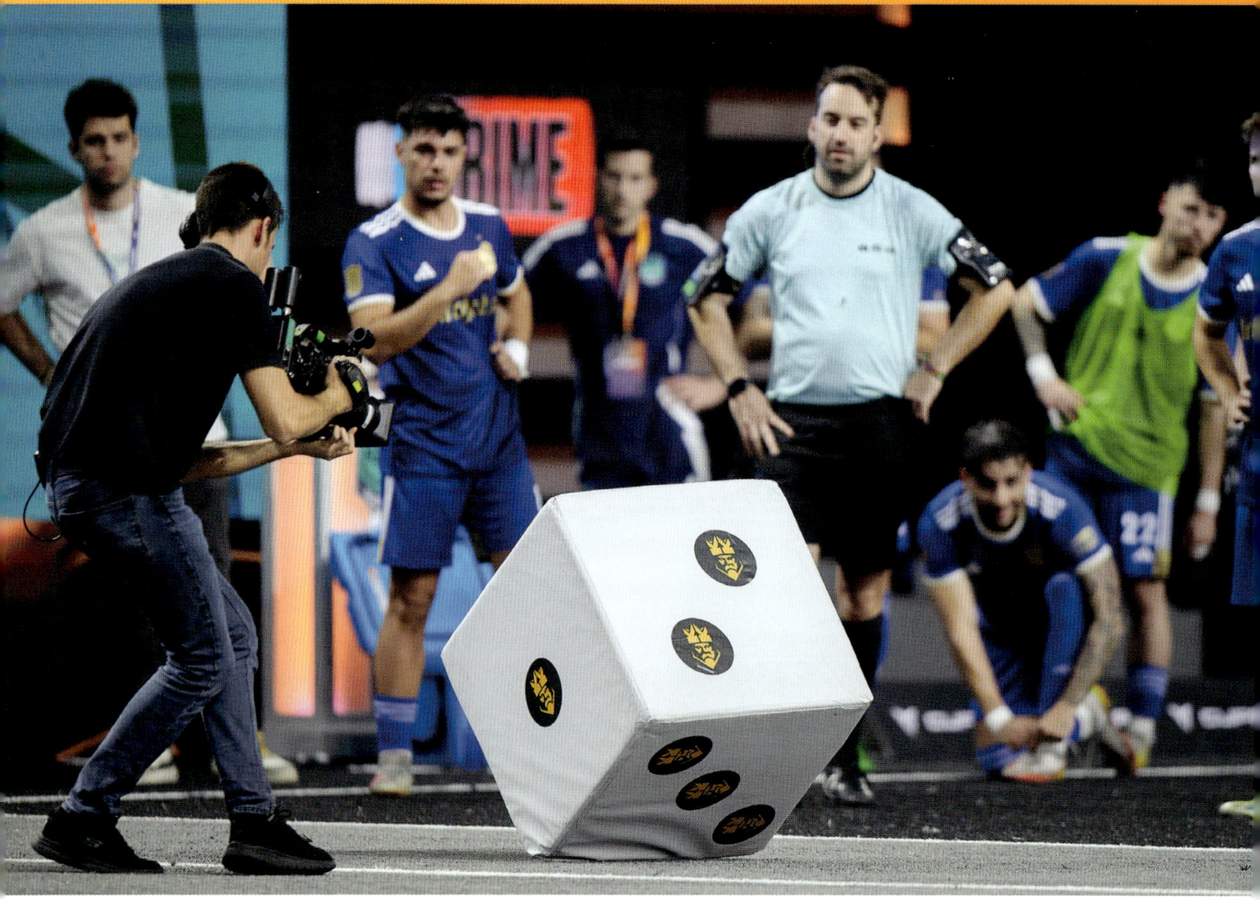

NORMAS

La normativa Kings ha ido mutando desde su fundación, siempre adaptándose a los cambios propuestos por los presidentes y votados por la audiencia.

Inicialmente los partidos eran bastante diferentes a lo que conocemos ahora. Como siempre, antes del pitido inicial, los entrenadores escogían las armas secretas y podían ser utilizadas en cualquier momento del encuentro.

Para dar comienzo a la acción los jugadores disputaban el famoso saque de waterpolo, corriendo desde detrás de la línea de fondo hasta el balón, plantado en el centro. En numerosas ocasiones los jugadores salían antes de tiempo, por lo que se optó por implementar un semáforo con cuenta atrás aleatoria.

Más tarde, en el minuto dieciocho de la primera mitad, se incorporó un sistema de inferioridades que fue evolucionando con el paso de las jornadas. Primero empezó como una carta sacada al azar y después mutó a un dado gigante lanzado sobre el césped desde la grada. A partir del lanzamiento del dado el juego continúa con las inferioridades hasta el final de la primera mitad: 1 vs. 1 (en el que los jugadores deben disparar desde su mitad de campo), 1 vs. 1 con portero (en el que los jugadores no pueden salir de su área), y los sucesivos 2 vs. 2, 3 vs. 3, 4 vs. 4 y 5 vs. 5. El seis en el dado fue eliminado muy al principio debido a que era demasiado similar al habitual 7 vs 7.

Si el partido acaba en empate se disputa una tanda de penaltis shootout, unos lanzamientos en los que el jugador parte desde el centro del campo con cinco segundos para batir al guardameta. Las tarjetas amarillas y rojas no han variado desde el inicio de la competición. La infracción menor supone dos minutos de sanción, mientras que la roja acarrea cinco minutos de inferioridad y el jugador que ha visto la cartulina no puede volver a ingresar al terreno de juego en lo que resta de encuentro.

Durante el 2023 los equipos disponían de un segundo pulsador junto a su botón para activar el arma secreta. Con él podían accionar el VAR (Video Assistant Referee) y, de esta forma, obligar a que el árbitro revisara en las pantallas cualquier jugada que consideraran mal arbitrada. Al poco de terminar el segundo split se decidió suprimir esta actividad, ya que se integró una mesa arbitral, en el mismo campo, que ya estaba en permanente contacto con el árbitro y podía avisarlo en caso de cometer un error.

Antes del inicio del segundo split se incorporó el final con gol doble. Esto es, a partir del minuto treinta y ocho el balón se cambia por uno de color naranja y los goles pasan a computar por dos. Además, también se inventó el arma secreta del penalti-presi, por el que los dos presidentes pueden lanzar un penalti cuando lo deseen. Adri Contreras fue el primer presidente en lanzarlo en la quinta jornada del primer split, enviando el balón por encima del travesaño. En el mismo encuentro, TheGrefg se convirtió en el primer presidente en anotar un penalti-presi con el que decidió el encuentro a su favor: Saiyans 1-0 El Barrio.

Por otra parte, durante el segundo split también se pudieron comprar armas secretas a raíz de la economía virtual, y también varió el valor de la puntuación clasificatoria: la victoria neta valía tres puntos, la victoria en penaltis shootout valía dos, la derrota en penaltis uno y la derrota neta, cero. En la posterior Kings Cup, la tercera competición en orden cronológico, se volvieron a mejorar algunas normas. Se introdujo el gol de oro y el saque inicial pasó a ser con un balón lanzado desde una jaula colgada en el techo.

Otro de los cambios que se introdujo a posteriori fue el inicio escalado de jugadores. Es decir, se arranca con un 1 vs. 1 con portero y cada minuto se incorpora a un jugador por equipo hasta llegar al 7 vs. 7. También llegó la nueva carta de jugador estrella, por la que, si el jugador seleccionado consigue anotar, su gol vale doble.

Armas secretas

Cuestionadas al inicio y amadas conforme iban pasando las jornadas, las armas secretas poco a poco se ganaron el corazoncito de todos los aficionados de la Kings League infoJobs. En un principio, se podían utilizar en cualquier momento del encuentro, pero a partir del tercer split pasaron a ser solo aplicables durante la segunda mitad.

Actualmente encontramos hasta seis armas con sus diferentes porcentajes de aparición:

PENALTI SHOOTOUT

PROBABILIDAD DE APARICIÓN: **20 %**

Como su nombre indica, el equipo que la utiliza dispone de un penalti donde el jugador parte desde el centro del campo y tiene un máximo de 5 segundos para superar al portero. Su tasa de acierto es del 49,27 %, por lo que disponer de ella siempre puede considerarse como una victoria en la selección del arma secreta.

JUGADOR ESTRELLA

PROBABILIDAD DE APARICIÓN: **20 %**

El jugador seleccionado tiene el poder de marcar un gol doble. Si lo logra, los siguientes goles del mismo futbolista solo valdrán por uno. Fernando Velillas fue el primero en lograr un gol doble en la competición, en un Rayo de Barcelona, 1 - xBuyer Team, 7.

PENALTI

PROBABILIDAD DE APARICIÓN: **13,33 %**

Es una de las cartas más buscadas. El porcentaje de acierto en los lanzamientos de penaltis es del 69,65 %, pues prácticamente siete de cada diez van a parar dentro.

GOL DOBLE 4 MINUTOS

PROBABILIDAD DE APARICIÓN: **20 %**

Una carta para remontar partidos. Muchos equipos la usan cuando el bando rival tiene un jugador sancionado por amarilla o roja. También pueden dejarla para el final y jugar los últimos minutos con la posibilidad de marcar un tanto que valga doble.

SANCIÓN 4 MINUTOS

PROBABILIDAD DE APARICIÓN: **20 %**

Ampliada de dos a cuatro minutos para aumentar su efectividad, normalmente se utiliza para eliminar al mejor jugador del equipo rival. En ocasiones también se elimina a un defensor, en caso de necesitar remontar, o a un atacante, si se tiene que conservar el resultado. Los entrenadores también la utilizan para contrarrestar el gol doble que ha podido aplicar el conjunto rival, restándole un jugador y reduciendo las posibilidades de encajar un tanto.

COMODÍN

PROBABILIDAD DE APARICIÓN: **6,66 %**

El santo grial de las armas secretas. Nadie sabe cómo encontrarla... aunque algunos aseguran que su funda está marcada para hacerla más visible a los más astutos. Leyendas urbanas. En cualquier caso, normalmente se la utiliza como penalti, aunque muchos la guardan hasta el final para usarla como robo de carta.

CARTAS ELIMINADAS:

ROBO DE CARTA. Eliminada al inicio del tercer split, la carta de robo siempre fue una de las más controvertidas. Su uso daba lugar a todo tipo de estrategias. Incluso había entrenadores que guardaban su sanción o su gol doble hasta el final para que el otro pensara que tenía esta preciada arma secreta. Pocos planes más placenteros que robar un penalti con el robo de carta, especialmente en el último minuto.

PIQUÉ. Cuenta la leyenda que esta arma secreta nunca existió. Aunque en realidad sí lo hizo, durante la cuarta jornada del primer split. El presidente de la liga, Gerard Piqué, se comprometió a jugar con el equipo que acertara a sacar esta carta del baúl de armas secretas. Por desgracia para los aficionados ningún entrenador atinó a escogerla (había un 5% de posibilidades) y nos quedamos sin ver al presi compitiendo.

Cabe recordar que durante el segundo split de la Kings, a raíz del mercato, antes de cada jornada los presidentes tenían la opción de comprar un arma secreta de cara al siguiente encuentro. Cada carta tenía un mayor o menor precio dependiendo de su efectividad en el partido. Se compraban con el presupuesto restante del primer mercato de fichajes.

DRAFT 1

Doce primeros picks

José Segovia
Se convirtió en el portero indiscutible de Porcinos FC durante el primer split y jugador de confianza del entrenador Juvenal desde el principio hasta el fin. Acabó saliendo hacia Jijantes FC en una operación a cuatro bandas durante el primer mercato.

Lluis Alsina
Le costó brillar en Jijantes. Su gran habilidad técnica se vio lastrada por los malos resultados del conjunto azulgrana. Se marchó a 1K vía cláusula de rescisión.

Dani Pérez
Guardameta que despuntó con la casaca rojiblanca, se ganó el corazón de todos los aficionados y se labró el nombre de ser uno de los mejores arqueros de la competición. Se marchó en la misma operación que Marc Briones.

Edgar Álvaro
Su desempeño en Los Troncos FC lo convirtió en el nueve de referencia en la Kings League InfoJobs y en uno de los más mediáticos por sus cortes de pelo. Todos los equipos querían hacerse con sus servicios en el mercado, pero solo Rayo de Barcelona pudo lograrlo.

Marc Pelaz
Posee todos los requisitos para ser una estrella. Fue el líder sobre el verde de Rayo de Barcelona, aunque acabó marchándose en un trueque por Edgar Álvaro de Los Troncos.

Álvaro Arché
Uno de los magos de la competición. Derrochó técnica a raudales y se mostró como el gran arquitecto de Ultimate Móstoles de Nacho Castro. Acabó intercambiado por el MVP de la competición, Cristian Ubón.

Adrià «Capi» Gutiérrez
Un *one club man* en toda regla. El guardameta de xBuyer Team solo sabe lo que es vestir la camiseta macarra. Todo un especialista en los shootouts, se erigió pieza clave en el segundo split para salir campeón.

Marc Briones
Empezó pasando ligeramente desapercibido, pero poco a poco demostró por qué, para muchos, es el mejor guardameta de la competición. Llevó a Saiyans FC a la Final Four con sus paradas y acabó traspasado por otro pick uno: Dani Pérez.

Jorge Ibáñez
Situación similar a la de Capi, *one club man* y jugador amado por la afición. Siempre a la sombra de otros grandes porteros, sus actuaciones han rozado un gran nivel en todas las competiciones.

Carlos Torrentbó
Fue la debilidad del Kun desde el primer día y él correspondió al astro argentino erigiéndose en la estrella del equipo. Goleó y asistió durante el primer split. Y El Barrio lo convirtió en el tercer fichaje más caro de la historia.

Jacobo Liencres
Firmó una carta de presentación brillante en la competición con un doblete ante PIO FC y acabó el primer split como campeón. Su buen cartel le permitió escoger equipo y salió traspasado a Porcinos.

Román Alegre
Fue el único defensor escogido en la primera ronda y su habilidad técnica para salir con la zurda le dio la razón a Casillas y a su staff, liderando la zaga de 1K FC.

Top 3 gangas del Draft

Roger Carbó

9.ª elección

Saiyans FC

Si buscas «ganga» en el diccionario aparece una imagen de Roger Carbó saliendo en la novena elección de Saiyans FC. Más de ochenta jugadores salieron por delante del Corona de Oro 2023, máximo goleador histórico de la competición y MVP del segundo split.

Cristian Ubón

5.ª elección

El Barrio

El primer MVP de la competición no apareció hasta mediados del draft. Fue El Barrio quien hizo un buen *scouting* y no dejó pasar su elección llevándose una auténtica estrella.

Gilles Vidal

7.ª elección

Aniquiladores FC

No fue escogido hasta la séptima ronda. Uno de los extremos más desequilibrantes de la competición, maravilló con el finalista Aniquiladores FC y fue el jugador más caro de la historia (90 millones), junto a Pau Fer, tras su traspaso a El Barrio.

DRAFT 2

Doce primeros picks

Carlos Contreras
Es un delantero con capacidad para jugar las situaciones de escalado y se mueve bien tanto dentro como fuera del área. También es capaz de marcar desde cualquier posición.

Sergi Gestí
Fue la elección del Kun para intentar competir por títulos, pero no acabó de convencer con la camiseta «argentina» y se marchó a Saiyans FC para demostrar su valía.

Gabriel Cichero
Maravilló en Porcinos por ser el defensor más goleador de la competición, pero su paso por Ultimate Móstoles bajó su cotización. El Rayo lo repescó y volvió a rendir, pero decidió marcharse a la Kings League Américas.

Iker González
Es un todoterreno, hábil en funciones tanto ofensivas como defensivas. Fue la apuesta de Juan Arroita para aportar competencia a una de las plantillas más competitivas de la Kings.

Juanma González
Todos supieron quién es Juanma después de la primera jornada y su MVP con Móstoles. Actuando en banda o como referencia, fue un puntal en el equipo de DjMaRiiO, aunque en PIO FC le costó rendir y acabó saliendo a xBuyer Team.

Víctor Vidal
Si querían un portero, DjMaRiiO seleccionó al que para muchos era el mejor del draft. Brillante en el juego de pies, ágil bajo palos y con mandos de liderazgo, se llevó el MVP en la Kings Cup levantada en La Rosaleda.

Dani Ruiz
También conocido como Mini Bartu, llegó a la competición con la vitola de ser uno de los mejores delanteros que ofrecía el draft. Le costó marcar tantos y salió a PIO FC en el siguiente mercato.

Antoni Hernández
El único de los elegidos en primera ronda que ya había jugado en el equipo que lo seleccionó. Se trata de un extremo de prodigioso desborde, pieza clave en el segundo split conquistado por los macarras.

Manuel Martín
El equipo de Perxitaa quería reforzarse en la portería y optó por un veterano y contrastado portero. Se hizo con la titularidad desde el inicio y únicamente la soltó a causa de una grave lesión.

Alejandro Ortega
De manera sorprendente, y por suerte para Aniquiladores FC, cayó hasta la undécima elección, lo que les permitió hacerse con uno de los jugadores con más desequilibrio y gol de la competición.

Alfons Serra
Le costó entrar en la competición y destacar, pero poco a poco se volvió un fijo en los esquemas del entrenador Dani Romo, mostrando su categoría. Es un centrocampista de fino pie que se adapta a varias posiciones.

Oscar Coll
Cuentan que se escondió durante los días previos al draft para que nadie se fijara en él y poder firmar por Porcinos FC. Los de Ibai se llevaron a un centrocampista de excelente técnica individual y colectiva que encaja como un guante en el estilo de los rosas.

Top 3 gangas del Draft

Dani Liñares

2.ª elección

Saiyans FC

Muchos se debieron tirar de los pelos escogiendo a otros jugadores antes que al metrónomo de Saiyans FC. Lleva el peso del partido y cuando se acerca a la frontal rival es todo un peligro con su temible disparo.

Albert Dalmau

3.ª elección

1K FC

Es una pieza clave para 1K FC desde el primer día, tanto desde la defensa como desde el centro del campo. Se incorpora con peligro gracias a su buen golpeo y gana duelos en todas las partes del campo para hacer de su equipo uno de los más rocosos.

Alex Romero

5.ª elección

xBuyer Team

Estuvo a punto de quedarse fuera de la competición y llegó al equipo de los hermanos Buyer con un rol de portero suplente que rápidamente cambió a su favor. Tiene capacidad para golpear con potencia de zurda y bajo los palos demuestra reflejos felinos.

1K FC

Aniquiladores FC

Kunisports

Los Troncos FC

Rayo de Barcelona

Jijantes FC

Saiyans FC

El Barrio

PIO FC

Porcinos FC

Ultimate Móstoles

xBuyer Team

1K FC

Escudo

Equipaciones Split 2 Split 3

Iker Casillas
Presidente 20/05/1981 - Móstoles (Madrid)

Juanjo Moreno	**Entrenador**
Pol Coma	**2.º entrenador**
Tomás Pastor García	**Entrenador de porteros**
Rikizo Ishiguro	**Preparador físico**
Pol Filella	**Fisioterapeuta**
Nacho Hernáez	***Community maganer***
Eric Garrido	**Fotógrafo**
Javi Montalvo	**Analista**

Fase regular

6.º 7.º 6.º

Play-offs

4.os 4.os 8.os

@1kfutbolclub

@1kfutbolclub

@1kfutbolclub

Máximo goleador
Marc Granero
40 GOLES

Más partidos
Raúl Ledo
41 PARTIDOS

Entrenadores
Julio García Mera / Sergio Ortega / Jose Morales / Erik Llorca / Juanjo Moreno (actual)

Iker Casillas

Presidente de 1K FC

El histórico guardameta del Real Madrid entró en la Kings League InfoJobs gracias a su buena relación con Gerard Piqué y sus recientes apariciones en redes sociales. Iker nos lo cuenta en primera persona:

> «Recibí una llamada de Piqué contándome el nuevo proyecto, que giraba alrededor del fútbol y las nuevas generaciones y, desde el primer momento, no me lo pensé. Utilizamos una marca que veníamos desarrollando en diferentes proyectos como academias y campus para crear el equipo. 1K ya estaba creado y solo nos quedó adaptarlo a este nuevo formato».

La primera gran final, en el Camp Nou, dejó sorprendido a Iker:

> «Me pareció espectacular que un proyecto tan joven pudiera llenar un estadio de las dimensiones del Camp Nou. Hubiera sido muy bonito ver a 1K levantando la Kings League en ese estadio».

Después, el equipo técnico y el propio Casillas tuvieron que ponerse manos a la obra con el primer mercato:

> «Fue algo nuevo que creo que nos pilló a todos por sorpresa. Nuestra intención desde el primer momento fue mantener a la mayoría de nuestros jugadores, pero empezaron los clausulazos y nos vimos obligados a hacer varios cambios en el equipo».

Las decisiones de 1K, por razones obvias, se llevan a caballo entre Barcelona y Madrid. Pese a ello, Casillas siempre se ha mantenido muy vinculado al proyecto, ayudando en todo momento al staff técnico:

> «Hemos evolucionado en la gestión del día a día. Empezamos con un solo entrenador (Julio García Mera), que viajaba todos los fines de semana a Barcelona, sin poder entrenar entre semana con el equipo y, actualmente, contamos con un staff técnico de seis personas. Las claves de 1K son la unión del vestuario y el buen ambiente que se respira en Madrid llevando el proyecto. La verdad es que estamos muy contentos».

Palabras para la afición:

> «Espero que estéis disfrutando de la competición y del equipo, que se deja todo en cada partido para poder meterse en su primera Final Four y estoy seguro de que en el futuro vamos a brindar grandes alegrías a nuestra afición».

Juanjo Moreno

Entrenador de 1K FC

Aunque tardó en asentarse, Juanjo Moreno entró en la Kings League InfoJobs de la mano de 1K y se mantiene en el mismo equipo. Con todo, no fue hasta el tercer split que asumió el rol de primer entrenador:

> «Llegué casi por casualidad. Tenía un amigo que cogió el equipo en el segundo split y me comentó si quería entrar con él como segundo entrenador. Por motivos laborales él tuvo que abandonar el equipo y yo continué en mi rol, con Erik Llorca como primero. Cuando Iker decidió prescindir de él, al inicio del tercer split, apostó por mí para coger el relevo».

Pese a todo lo que se ve en pantalla, Juanjo también destaca los hechos menos visibles:

> «El montaje y la cantidad de trabajo que hay detrás es espectacular. Diría que la gente no es consciente de todo lo que se hace para poder llevar a cabo cada retransmisión. Hay muchísimos trabajadores haciendo las cosas bien para que se pueda ver el espectáculo que vemos semana tras semana y hay que estar agradecido a todos ellos».

¿Cómo juega Juanjo Moreno?

> «Somos muy intensos. Nos encanta apretar arriba y ser protagonistas, sin especular con el resultado. Hay días que obviamente sale y somos más espectaculares y otros que no. Pero nuestra base parte del trabajo, de ir todos juntos remando en la misma dirección y ser un equipo muy intenso. Eso nos ha hecho siempre ser un conjunto muy incómodo».

Siete habitual

Portero: Alberto Arnalot
Defensas: Albert Dalmau - Marcos Guerrero
Centrocampistas: Marc Pluvins - Abraham González - Marc Granero
Delanteros: Albert Ruiz

Somos muy intensos. Nos encanta apretar arriba y ser protagonistas, sin especular con el resultado.

Alberto Arnalot

Jugador insignia de 1K FC

Entró en el segundo draft y desde el inicio ya demostró que 1K había fichado a uno de los mejores guardametas de la competición. Alberto Arnalot conoció la Kings League InfoJobs mucho antes, pero un error le privó de disputar el primer split:

> «Fue mi primo quien me dijo que me apuntara, que sería un formato que se me daría bien por mis características de juego, pero en el primer draft me inscribí mal y me quedé sin poder entrar. En el segundo, por suerte, ya me ayudó él y tuve la fortuna de poder ser escogido».

El día del draft afloró la inquietud, pero confiaba en su buena actuación en las pruebas:

> «Cuando la situación depende de mí no suelo ponerme nervioso. Sí que estuve más inquieto antes de que me escogieran, aunque es cierto que tenía la segunda mejor media de todos los porteros y eso me tranquilizó. Igualmente, hasta que no dijeron mi nombre no se me fueron los nervios».

Para Arnalot la relación con su presidente, un verdadero mito en la portería como Iker Casillas, es «lo máximo»:

> «Yo he crecido viéndole jugar. Antes de mis partidos me ponía vídeos suyos parando porque era un referente. Poder defender la camiseta de su equipo es una locura y tener relación con él para mí es vivir en una burbuja».

Cuando la situación depende de mí no suelo ponerme nervioso.

Fichas de jugadores

Alberto Arnalot

31/08/1990 - Diestro - **Portero** - 1,82 m

Media **81**

Inexpugnable arquero de prodigiosa estirada. Bajo los palos destacó desde el primer día como uno de los mejores guardametas de la competición.

Reflejos	Vuelo	Duelos	Asociación	Paradas	Anticipación
82	87	81	72	82	80

	Equipo	Partidos jugados	Goles	Asistencias
Primer Split				
Segundo Split				
Kings Cup	1K	5	-12	
Kingdom Cup	1K	5	-9	
Tercer Split	1K	12	-34	2

Joan Canet

04/01/2003 - Diestro - **Portero** - 1,85 m

Media **73**

Entró y salió de la Kings para volver a ser reclamado por 1K. Grandes reflejos bajo palos, capaz de realizar paradas inverosímiles.

Reflejos	Vuelo	Duelos	Asociación	Paradas	Anticipación
70	72	74	71	76	75

	Equipo	Partidos jugados	Goles	Asistencias
Primer Split	Rayo BCN	11	-38	
Segundo Split	1K	3	-14	
Kings Cup				
Kingdom Cup				
Tercer Split	1K			

Albert Dalmau

16/03/1992 - Diestro - **Defensa** - 1,77 m

Media **72**

Defensa o centrocampista de corte defensivo con experiencia en el fútbol profesional. Fue internacional español sub-17, además, dirigido por Pep Guardiola.

Físico	Duelos	Tiro	Defensa	Pase	Habilidad
72	74	74	68	70	76

	Equipo	Partidos jugados	Goles	Asistencias
Primer Split				
Segundo Split				
Kings Cup	1K	5	1	
Kingdom Cup	1K	4		
Tercer Split	1K	12	2	3

Marc Granero

20/08/2001 - Zurdo - **Defensa** - 1,83 m

Media **80**

Jugador estrella de 1K, pese a sus repetidos intentos de salir. Tiene un cañón en la pierna zurda y es especialista en las situaciones de inferioridad tras dados.

Físico	Duelos	Tiro	Defensa	Pase	Habilidad
78	84	86	80	76	79

	Equipo	Partidos jugados	Goles	Asistencias
Primer Split	xBuyer	12		
Segundo Split	1K	13	19	3
Kings Cup	1K	5	4	
Kingdom Cup	1K	6	7	1
Tercer Split	1K	12	17	

Raúl Ledo

02/05/2001 - Zurdo - **Defensa** - 1,65 m

Media **67**

De los primeros en llegar, está desde el inicio de la competición en 1K. Además, siempre acaba teniendo minutos de calidad en la defensa de los de Casillas.

Físico	Duelos	Tiro	Defensa	Pase	Habilidad
67	64	65	69	66	70

	Equipo	Partidos jugados	Goles	Asistencias
Primer Split	1K	11	1	1
Segundo Split	1K	13	2	
Kings Cup	1K	5		
Kingdom Cup	1K	6	1	
Tercer Split	1K	12	1	2

Lluis Alsina

31/08/2001 - Diestro - **Centrocampista** - 1,74 m

Media **75**

Primer jugador de campo en ser seleccionado en el primer draft. Ha ido de menos a más en la Kings y en 1K se ha convertido en un jugador vital por su habilidad técnica.

Físico	Duelos	Tiro	Defensa	Pase	Habilidad
73	75	80	83	77	81

	Equipo	Partidos jugados	Goles	Asistencias
Primer Split	Jijantes	9	3	1
Segundo Split	1K	13	6	
Kings Cup	1K	5		1
Kingdom Cup	1K	6		
Tercer Split	1K	10	6	1

Marc Pluvins

«No he podido jugar ninguna Final Four por el momento, pero las concentraciones con 1K han sido siempre muy especiales».

18/06/1999 - Diestro - **Centrocampista** - 1,77 m

Media **75**

Lidera el centro del campo con sus pases. Llega con facilidad al área rival y suma a su currículum un buen disparo y último pase.

Físico	Duelos	Tiro	Defensa	Pase	Habilidad
75	73	78	70	75	78

	Equipo	Partidos jugados	Goles	Asistencias
Primer Split	1K	11	4	2
Segundo Split	PIO	12	4	1
Kings Cup	1K	5	1	1
Kingdom Cup	1K	6	1	1
Tercer Split	1K	11	2	1

Marcos Guerrero

«Poder haber jugado con Casillas y el Kun es una experiencia preciosa, igual que con muchos compañeros que se han convertido en amigos».

18/06/1999 - Diestro - **Centrocampista** - 1,77 m

Media **67**

Expeditivo defensa, se encuentra más cómodo como lateral que en el eje de la zaga. Tiene buena salida de balón y va bien al suelo.

Físico	Duelos	Tiro	Defensa	Pase	Habilidad
68	67	65	65	68	68

	Equipo	Partidos jugados	Goles	Asistencias
Primer Split	Kunisports	11	2	
Segundo Split	1K	13	3	
Kings Cup	1K	5	1	
Kingdom Cup	1K	6	1	1
Tercer Split	1K	6		

Abraham González

16/07/1985 - Diestro - **Centrocampista** - 1,75 m

Media **80**

Centrocampista que también puede formar como central. Lidera con jerarquía al equipo y se prodiga con su disparo de media distancia.

Físico	Duelos	Tiro	Defensa	Pase	Habilidad
84	70	80	85	80	80

	Equipo	Partidos jugados	Goles	Asistencias
Primer Split				
Segundo Split	Aniquiladores	1		
Kings Cup	PIO	4	3	1
Kingdom Cup	PIO	2		
Tercer Split	1K	12	3	2

Iván Mateo

04/08/1981 - Diestro - **Centrocampista** - 1,80 m

Media **74**

Centrocampista rocoso, tiene un guante para lanzar el balón parado. Formado en el Atlético de Madrid, ha pasado por varios equipos de segunda fila como el Badalona o el Toledo.

Físico	Duelos	Tiro	Defensa	Pase	Habilidad
72	75	77	68	75	78

	Equipo	Partidos jugados	Goles	Asistencias
Primer Split				
Segundo Split				
Kings Cup				
Kingdom Cup	1K	6	3	2
Tercer Split	1K	8		

Fran Rodríguez

19/11/2003 - Diestro - **Centrocampista** - 1,77 m

Media **72**

Centrocampista de buena habilidad técnica, tiene llegada al área rival y se asocia con acierto con sus compañeros.

Físico	Duelos	Tiro	Defensa	Pase	Habilidad
71	73	74	70	73	72

	Equipo	Partidos jugados	Goles	Asistencias
Primer Split				
Segundo Split				
Kings Cup				
Kingdom Cup				
Tercer Split	1K	5	1	

Albert Ruiz

17/03/1995 - Diestro - **Delantero** - 1,81 m

Media **74**

Delantero centro de buenos movimientos en el área. Necesita poco para armar la pierna, aunque todavía debe explotar a nivel de números.

Físico	Duelos	Tiro	Defensa	Pase	Habilidad
75	72	73	73	77	78

	Equipo	Partidos jugados	Goles	Asistencias
Primer Split				
Segundo Split				
Kings Cup	1K	5	1	1
Kingdom Cup	1K	6		1
Tercer Split	1K	10	1	1

John de la Cruz

26/08/2003 - Diestro - **Delantero** - 1,80 m

Media
72

Delantero que derrocha poderío físico y habilidad; desequilibrio permanente. Reúne aptitudes para triunfar en la competición.

Físico	Duelos	Tiro	Defensa	Pase	Habilidad
75	70	71	68	67	77

	Equipo	Partidos jugados	Goles	Asistencias
Primer Split				
Segundo Split				
Kings Cup	PIO	5	2	1
Kingdom Cup	PIO	4		
Tercer Split	1K	11	3	1

Diego Fernández

29/01/1992 - Zurdo - **Delantero** - 1,82 m

Media
75

Delantero que también puede actuar por banda izquierda. Es un habitual del fútbol catalán, ya que ha estado en equipos como el Europa o el Terrassa.

Físico	Duelos	Tiro	Defensa	Pase	Habilidad
76	72	78	74	75	74

	Equipo	Partidos jugados	Goles	Asistencias
Primer Split				
Segundo Split				
Kings Cup				
Kingdom Cup				
Tercer Split	1K	3		

Jugadores históricos

Ricardo López

Guardameta titular de 1K durante los dos primeros splits. Siempre rindió a un gran nivel; se llevó un MVP e incluso dio cuatro asistencias.

- ***Club Atlético de Madrid***
- ***Manchester United***
- ***Club Atlético Osasuna***

David Barral

Solo jugó durante el segundo split, seguramente en el pico de forma del equipo, pero dejó una grandísima impresión. Delantero luchador, batalló con los defensas y fue uno de los máximos goleadores del split con trece dianas.

- ***Real Madrid Club de Fútbol***
- ***Real Sporting de Gijón***
- ***Granada Club de Fútbol***

ANIQUILA-DORES FC

Escudo

Equipaciones Split 2 Split 3

Juan Guarnizo
Presidente 11/01/1997 - Ibagué (Colombia)

Sergio Ariel «Pibe» Verdirame	**Entrenador**
Samuel Hernández	**2.º entrenador**
Jonathan Alexander Jiménez	**Delegado**
Enric Miró	**Fisioterapeuta**
Jorge Salvador González	***Team manager***
Karim García	***Community maganer***
Arnau Pujol y Daniel Martín	**Fotógrafos**

Fase regular

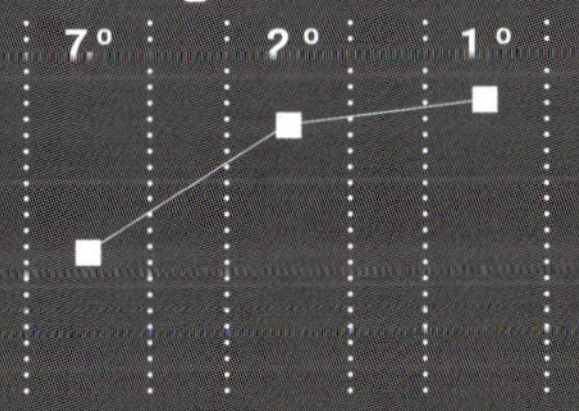

Play-offs

FIN	SEMI	SEMI

@aniquiladoresteam
@aniquiladoresfc
@aniquiladores

Máximo goleador
Fran Hernández
27 GOLES

Entrenador
Sergio Verdirame (actual)

Más partidos
Bernat Rovira
47 PARTIDOS

Juan Guarnizo

Presidente de Aniquiladores FC

Uno de los dos únicos representantes latinoamericanos de la Kings League InfoJobs, Juan Guarnizo, explica así su entrada en la competición:

> **«Recibí un mensaje de Oriol Querol diciendo que quería llamarme para comentarme un proyecto. Me tuve que levantar muy temprano, por la diferencia horaria, y cuando me conecté vi a Oriol junto a Piqué. Me quedé un poco loco con todo lo que me explicaron, pero me apeteció formar parte de ello».**

A partir de ahí, el streamer se puso manos a la obra para confeccionar su club:

> **«El proceso de creación de Aniquiladores empezó muy rápido. Gracias a contactos familiares pude contratar al entrenador, el «Pibe» Verdirame. El escudo lo hicimos un poco mediante referencias de mis canales de YouTube, con el brazo flexionado que se ha convertido ya en el logo del club».**

Aniquiladores, junto con su presidente, fue uno de los cuatro equipos que pudo llegar al Camp Nou:

> **«Me siento muy honrado tanto por haber podido jugar la semifinal como de disputar la final. El encuentro contra Los Troncos, ganado en los shootouts, fue espectacular. Y, aunque la final no la llegamos a ganar, la experiencia fue una absoluta locura».**

Después de ello el equipo se reestructuró con el primer mercato:

> **«Éramos muy nuevos en la gestión de un equipo y todo el proceso fue muy rápido. Pronto empezamos a perder figuras de nuestro equipo y tuvimos miedo de que los fichajes no estuvieran a la altura. Por suerte, gracias a la gestión del staff, salimos muy bien del mercato, ya que estudiaron todos los jugadores y realizaron las incorporaciones necesarias. Además, cada vez hay más gente en Aniquiladores. El club se ha profesionalizado por completo, todos estamos muy satisfechos. Afortunadamente, el club tiene muchos pilares para tener una estructura sólida».**

Juan Guarnizo también reconoce su evolución personal:

> **«Yo he sido lejano al mundo del fútbol durante muchos años, pero la Kings me ha abierto un nuevo horizonte. He ido aprendiendo mucho paralelamente a la competición y he podido ver cómo un equipo de fútbol 7 va teniendo su propia narrativa e historia... Es muy bonito».**

Palabras para la afición:

> **«Les daría las gracias por recibir este proyecto tan bien y por ser la mejor afición de la Kings League InfoJobs. Por fortuna, les hemos podido brindar grandes resultados y nos han dado las mejores reacciones siempre, apoyando al equipo en todo momento».**

«Pibe» Verdirame

Entrenador de Aniquiladores FC

También conocido como el «Pibe», Sergio Verdirame es el entrenador de la Kings League InfoJobs con mayor trayectoria en el fútbol profesional. Su entrada no resultó sencilla:

> «Fue un tema muy extraño. Yo no conocía a mi presidente, al que ahora considero un amigo y al que estaré eternamente agradecido. Al principio solo conocía a Piqué, Casillas, Agüero... La gente de fútbol. Antes no era nada de streamers, ahora sí. Aniquiladores me contactó, pero al principio la verdad es que no quería. El punto clave fueron mis hijas. Cuando les dije que era para el equipo de Juan Guarnizo, todo cambió. También les conté todos los presidentes que había implicados y me insistieron en que fuera para Barcelona. Por suerte, todo salió muy bien».

Para el «Pibe» hubo un momento muy importante en la competición durante el primer split:

> «Si me dices que todos los domingos vamos a jugar un partido pero que el resultado da igual, me hubiera ido. El punto de inflexión fue cuando se anunció el Camp Nou. A partir de ahí se empezó a competir de verdad, y eso fue muy importante para mí».

De la mano de su entrenador, Aniquiladores empezó a encadenar buenos resultados en el primer split, logrando el pase al Camp Nou:

> «Fue muy especial, porque es el lugar donde jugaron mis dos ídolos: Maradona y Messi. Yo había jugado finales en México ante 105.000 personas, en el Estadio Azteca, o en Chile, en campo de Colo-Colo, donde no cabía ni una persona. Igualmente, el Camp Nou me tocó el corazón. Salir del hotel y ver a los niños con las camisetas de los equipos, incluso los que no se habían clasificado, fue increíble. Todavía cuando hablo de ello se me pone la piel de gallina. Todas las Final Four han sido preciosas, pero la primera fue la más especial».

¿Cómo juega el «Pibe» Verdirame?

> «Esto le va a molestar a Gerard Piqué, al que le mando un saludo. Sé que no le gusta, pero fui el primero en diseñar la defensa en 4-2. Un día en mi casa, después de dos derrotas en los dos primeros partidos, me puse a pensar una nueva estrategia. Empecé a dibujar en la pizarra y llegué al 4-2 en bloque defensivo. Con ella ganamos 3-1 a El Barrio y me enamoré del sistema».

Siete habitual

Portero: Pol Zapata
Defensas: Víctor Mongil - Mario Reyes
Centrocampistas: Alejandro Ortega - Javier Espinosa - Guillem ZZ
Delanteros: «Casi» Ruiz

Mario Reyes

Jugador insignia de Aniquiladores FC

Uno de los mejores defensas de la competición, el zurdo Mario Reyes, fue otro de los que apuró para enviar su vídeo de presentación, por lo que casi se quedó fuera de la competición:

> **«Conocí la Kings League InfoJobs a través del anuncio de Piqué cuando se retiró. Vi la presentación con los presidentes y al abrir las inscripciones quería entrar. Por motivos personales lo fui dejando y justo el último día, a las ocho de la noche, envié el vídeo y el plazo cerraba a las diez. Casualmente, aquel día estaba entrenando en Sant Boi y lo enviamos Biboum, Pelaz y Guerrero. Por aquel entonces yo era su entrenador».**

Pese a los nervios habituales, antes del draft, Reyes sabía que Spurs estaba interesado en su fichaje, lo que apaciguó la inquietud:

> **«Cuando fuimos al draft, había visto algunas reacciones de los presidentes a los vídeos y Spursito había dicho en su stream que le gustaba por ser zurdo y veterano. Me escogió Rayo. Desde el principio me dio mucha confianza y me otorgó incluso el brazalete de capitán. Tuvimos una relación muy cercana, siempre me apoyó, y ahora ha quedado una gran amistad».**
>
> **«En el momento del mercato yo no me quería ir de Rayo. Estaba en mi zona de confort: lo jugaba todo y era el capitán. Lo último que me apetecía era salir. Pero parecía obvio que tenía que marcharme por el tema de las cláusulas y por suerte caí en un sitio magnífico».**

El defensor ha estado muy cómodo siempre en Aniquiladores:

> **«Desde el primer momento he tenido una gran relación con Juan. Él me llamó para avisarme de que estaban interesados en mí y que, si yo estaba dispuesto, me ficharían. También con el Pibe, que me había explicado el proyecto y me había demostrado su interés».**

Fichas de jugadores

Pol Zapata

02/02/1999 - Zurdo - **Portero** - 1,80 m

Media **80**

Espectacular en su primer split en Jijantes, fichó por Aniquiladores ya consagrado como uno de los mejores guardametas de la competición. Posee reflejos felinos.

Reflejos	Vuelo	Duelos	Asociación	Paradas	Anticipación
81	80	86	66	80	79

	Equipo	Partidos jugados	Goles	Asistencias
Primer Split	Jijantes	10	-33	1
Segundo Split	Aniquiladores	11	-24	
Kings Cup	Aniquiladores	8	-18	
Kingdom Cup	Aniquiladores	5	-4	
Tercer Split	Aniquiladores	12	-35	3

Xavi Morales

30/04/2002 - Diestro - **Portero** - 1,85 m

Media **66**

Reflejos	Vuelo	Duelos	Asociación	Paradas	Anticipación
66	68	61	62	70	68

	Equipo	Partidos jugados	Goles	Asistencias
Primer Split	Aniquiladores	0	0	
Segundo Split	Aniquiladores	0	0	
Kings Cup	Aniquiladores	1	0	
Kingdom Cup	Aniquiladores	1	-2	
Tercer Split	Aniquiladores			

Mario Reyes

26/05/1991 - Zurdo - **Defensa** - 1,72 m

Media **79**

Defensor zurdo de poderoso disparo y contundente en área propia. Sale con el balón controlado y golpea a portería cuando tiene ocasión.

Físico	Duelos	Tiro	Defensa	Pase	Habilidad
85	68	78	83	77	70

	Equipo	Partidos jugados	Goles	Asistencias
Primer Split	Rayo BCN	11	5	2
Segundo Split	Aniquiladores	14	4	1
Kings Cup	Aniquiladores	8	3	1
Kingdom Cup	Aniquiladores	4	1	1
Tercer Split	Aniquiladores	12	3	1

Víctor Mongil

21/07/1992 - Diestro - **Defensa** - 1,82 m

Media **82**

Defensa central que aúna condiciones para golpear desde lejos y contundencia para ganar las disputas físicas. Llegó a debutar en Segunda y se retiró en la Superliga india.

Físico	Duelos	Tiro	Defensa	Pase	Habilidad
88	70	86	84	76	77

	Equipo	Partidos jugados	Goles	Asistencias
Primer Split				
Segundo Split	Rayo BCN	11	4	3
Kings Cup	Aniquiladores	8		
Kingdom Cup	Aniquiladores	4	1	
Tercer Split	Aniquiladores	11	4	

Bernat Rovira

07/07/2000 - Zurdo - **Centrocampista** - 1,80 m

Media 69

El matemático de la Kings y la zurda por excelencia de Aniquiladores. Siempre es un jugador importante para el «Pibe» Verdirame, pero su especialidad son los penaltis shootout.

Físico	Duelos	Tiro	Defensa	Pase	Habilidad
68	63	76	66	72	66

	Equipo	Partidos jugados	Goles	Asistencias
Primer Split	Aniquiladores	14	3	3
Segundo Split	Aniquiladores	13	1	5
Kings Cup	Aniquiladores	8	4	1
Kingdom Cup	Aniquiladores	4	4	
Tercer Split	Aniquiladores	12	2	

Jordi Ros

12/02/1996 - Diestro - **Centrocampista** - 1,77 m

Media 73

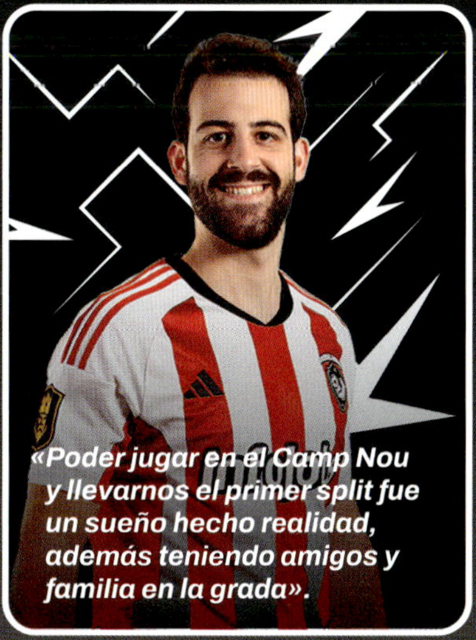

Metrónomo de El Barrio que se consagró campeón del primer split en el Camp Nou. Busca recuperar su mejor versión, todavía cotizada por varios equipos.

Físico	Duelos	Tiro	Defensa	Pase	Habilidad
77	65	71	78	78	68

	Equipo	Partidos jugados	Goles	Asistencias
Primer Split	El Barrio	14	4	2
Segundo Split	Jijantes	13	1	1
Kings Cup	Aniquiladores	8	1	
Kingdom Cup	Aniquiladores	4		
Tercer Split	Aniquiladores	12	1	

Alejandro Ortega

09/03/2005 - Diestro - **Centrocampista** - 1,68 m

Media **81**

Talento en estado puro. Le gusta jugar en la izquierda para ir hacia dentro y golpear. Tiene regate, asociación en corto y un golpeo enérgico.

Físico	Duelos	Tiro	Defensa	Pase	Habilidad
81	82	82	73	82	83

	Equipo	Partidos jugados	Goles	Asistencias
Primer Split				
Segundo Split				
Kings Cup	Aniquiladores	8	5	
Kingdom Cup	Aniquiladores	4	2	2
Tercer Split	Aniquiladores	9	7	3

Joel Macarulla

18/11/2000 - Zurdo - **Centrocampista** - 1,91 m

Media **68**

Polivalente centrocampista, puede actuar también en la parte izquierda de la defensa. Posee una gran capacidad física y estatura.

Físico	Duelos	Tiro	Defensa	Pase	Habilidad
74	68	69	62	68	68

	Equipo	Partidos jugados	Goles	Asistencias
Primer Split	Jijantes	11	1	2
Segundo Split	Aniquiladores	13	2	1
Kings Cup	Aniquiladores	8	1	
Kingdom Cup	Aniquiladores	4		
Tercer Split	Aniquiladores	12		

Hichem Boumedol

15/09/1993 - Diestro - **Centrocampista** - 1,78 m

Media 73

Pese a ser el doble de Neymar, no suele partir desde tan adelante. Igualmente, tiene buen regate para desequilibrar a sus rivales.

Físico	Duelos	Tiro	Defensa	Pase	Habilidad
74	72	74	70	73	74

	Equipo	Partidos jugados	Goles	Asistencias
Primer Split				
Segundo Split				
Kings Cup				
Kingdom Cup				
Tercer Split	Ultimate / Ani.	3	0	0

Javier Espinosa

19/09/1992 - Diestro - **Centrocampista** - 1,73 m

Media 86

Uno de los mayores talentos de la Kings. Si busca el golpeo de rosca, el equipo rival tiembla. Más de veinte partidos en primera y más de doscientos en segunda.

Físico	Duelos	Tiro	Defensa	Pase	Habilidad
87	88	88	72	89	88

	Equipo	Partidos jugados	Goles	Asistencias
Primer Split	Porcinos	11	5	2
Segundo Split	Porcinos	12	8	6
Kings Cup	Aniquiladores	8	7	1
Kingdom Cup	Aniquiladores	5	4	2
Tercer Split	Aniquiladores	12	11	3

Guillem ZZ

02/03/1998 - Diestro - **Delantero** - 1,78 m

Media 74

Autor del primer tanto de la historia de la Kings League InfoJobs. Explota bien los espacios gracias a su velocidad y siempre es un incordio para las defensas rivales.

Físico	Duelos	Tiro	Defensa	Pase	Habilidad
77	71	76	74	74	68

	Equipo	Partidos jugados	Goles	Asistencias
Primer Split	Rayo BCN	11	3	1
Segundo Split	Aniquiladores	13	11	
Kings Cup	Aniquiladores	8	1	
Kingdom Cup	Aniquiladores	4		
Tercer Split	Aniquiladores	12	3	1

José «Casi» Ruiz

08/06/1993 - Diestro - **Delantero** - 1,84 m

Media 73

Potente delantero de gran envergadura física. Sirve de referencia para descargar los balones largos en los momentos de ahogo del equipo.

Físico	Duelos	Tiro	Defensa	Pase	Habilidad
78	71	75	68	72	72

	Equipo	Partidos jugados	Goles	Asistencias
Primer Split	Aniquiladores			
Segundo Split	Aniquiladores			
Kings Cup	Aniquiladores	8	3	
Kingdom Cup	Aniquiladores	5	1	
Tercer Split	Aniquiladores	12	6	

David Alba

13/10/1986 - Diestro - **Delantero** - 1,69 m

Media **72**

Creció en prestaciones con su fichaje por Aniquiladores. Su poca estatura no supone ningún freno y se asocia con facilidad, buscando espacios en la defensa rival.

Físico	Duelos	Tiro	Defensa	Pase	Habilidad
73	74	70	68	74	71

	Equipo	Partidos jugados	Goles	Asistencias
Primer Split	Saiyans	14		
Segundo Split	Aniquiladores	12	1	
Kings Cup	Aniquiladores	7	1	1
Kingdom Cup	Aniquiladores	5	1	1
Tercer Split	Aniquiladores	12	1	

Marc Jiménez

14/10/2001 - Diestro - **Delantero** - 1,78 m

Media **73**

Jugador de perfil eminentemente ofensivo, puede partir desde la punta de ataque o una banda, incluso reforzando el centro del campo. Llegó a debutar con el Cerdanyola en Tercera.

Físico	Duelos	Tiro	Defensa	Pase	Habilidad
73	71	74	70	73	74

	Equipo	Partidos jugados	Goles	Asistencias
Primer Split				
Segundo Split				
Kings Cup				
Kingdom Cup				
Tercer Split	Aniquiladores	6	3	1

Jugadores históricos

Ezequiel Calvente

Ariete que disputó la novena jornada del primer split ante xBuyer Team (derrota 4-0). Tuvo la mala fortuna de cerrar el resultado con un tanto en propia.

- *Real Betis Balompié*
- *Sport-Club Freiburg*
- *Real Club Recreativo de Huelva*

Walter Erviti

El jugador con más cartel que ha vestido la casaca rojiblanca. Su desempeño llegó durante el primer split, en sendas derrotas ante Kunisports (2-3) y Rayo de Barcelona (2-3).

- *Club Atlético San Lorenzo de Almagro*
- *Club Atlético Boca Juniors*
- *Club Atlético Independiente*

InfoJobs
InfoJobs

EL BARRIO

Equipaciones Split 2 Split 3

Escudo

Adri Contreras
Presidente 11/11/1996 - Madrid (Madrid)

Juan Arroita	**Entrenador**
Xavier Pluvins	**2.º entrenador**
Sergio Fernández	**Entrenador de porteros**
Xavier Olaechea	**Delegado**
Bruno Gumà	**Preparador físico**
Antonio Alarcos	**Fisioterapeuta**
Miguel Cobas	***Team manager***
Oriol Prats y Alex Sagalés	***Community maganers***
Judit Conde	**Fotógrafo**

Fase regular

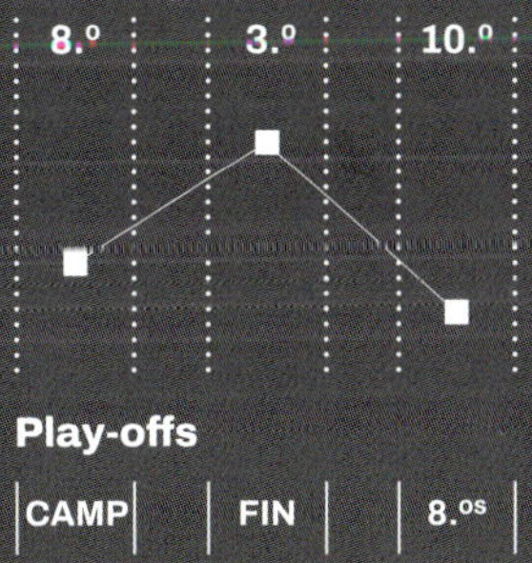

Play-offs

@elbarrioklk
@elbarrioklk_
@elbarrioklk

Máximo goleador
Gilles Vidal
24 GOLES

Entrenador
Juan Arroita

Más partidos
Gilles Vidal /
Pau Fernández
33 PARTIDOS

Adri Contreras

Presidente de El Barrio

El único tiktoker de la competición, Adri Contreras, entró en el proyecto gracias a un mensaje en la red social X:

«Gerard Piqué me contactó a través de Twitter y empecé a dar volteretas en mi cama. Entonces vino a mi casa gente de su equipo y Piqué estuvo presente por videollamada. Me convencieron enseguida, aunque nunca pude llegar a imaginar que la Kings League InfoJobs se convertiría en lo que es hoy día».

Los procesos fueron rápidos y Contreras tuvo que idear contra reloj la idiosincrasia de su club:

«Recuerdo que todo fue muy apresurado. Al principio lo dejé pasar porque me iba al Mundial y al final tuve que ponerme las pilas para darle un nombre al equipo y diseñar el escudo. Llamé a Pedro Benito, mi mejor amigo y me dijo «tírale del barrio», como queriendo decir que un creador de contenido pequeño podía ganar a unos mastodontes. También me pasó una foto con los dedos cruzados y de ahí salió el logo».

El Barrio acabó coronándose como el primer campeón de la historia de la competición:

«Todavía no lo he asimilado. El partido de cuartos de final, contra Ultimate Móstoles, que era octavo contra primero, fue el punto de inflexión. Nadie confiaba en nosotros, pero conseguimos meternos en la Final Four. Fue mágico. Solo podía mirar a mi madre y a mi equipo. Sentía cosquillas en el estómago. Soy muy pesimista, pero una vez allí me convencí de que ganaría y así sucedió».

Después de ganar el primer split, el equipo se desmanteló a causa del mercato:

«Fue muy duro y ojalá no hubiera sido así. No nos dio tiempo prácticamente ni a celebrarlo, porque el mismo día que algunos jugadores se estaban tatuando el escudo de El Barrio, empezó el mercado y ya se iban a otros clubes. Al poner los precios, no nos daban los números porque teníamos jugadores de mucho nivel.

Uno de los clips más virales de la historia de la Kings League InfoJobs es el de Adri Contreras abatido en la noche del mercato. Él mismo explica la situación:

Los Buyer me mintieron. Me dijeron que no me habían fichado a ninguno y me enteré allí de que habían pagado la cláusula de Beguer. Para mí ahí se perdió la esencia de los equipos... Me sentía muy unido al mío por todo lo vivido y me quitaron a todos los jugadores».

Palabras para la afición:

«Agradecerles siempre su acompañamiento durante este camino. Ahora que los tenemos en el Cupra Arena, estamos comprobando que tenemos una de las mejores aficiones de la competición. Ya les dimos el título del primer split y espero poder ofrecerles nuevos campeonatos pronto».

Juan Arroita

Entrenador de El Barrio

El técnico del primer campeón de la historia de la Kings League InfoJobs, Juan Arroita, entró a la competición pese a no haber ejercido nunca en ese puesto. El ojo clínico de su presidente marcó la diferencia:

> «En primer lugar, a mí me contacta Adri Contreras. Ambos somos periodistas y habíamos trabajado juntos en un proyecto que yo llevaba en internet. Cuando surge la idea de la Kings me dice que, aunque sea periodista, cree que tengo la capacidad para ser entrenador de su equipo. Obviamente, al principio dudé, pero al final me animé y me lancé».
>
> «Nuestro objetivo era muy claro: entrar en play-off. Nos daba igual ser primeros que octavos, sabíamos que el premio era el mismo».

Una vez en la primera Final Four, su preocupación era el «miedo escénico» de los jugadores, pero no fue así:

> «Una vez saltamos al verde solo podíamos estar concentrados en el partido, el ambiente pasó a un segundo plano».

El Barrio cuajó un gran segundo split, volvieron a llegar a la Final Four, esta vez como uno de los favoritos:

> «Era la oportunidad de ser bicampeones y obviamente era muy complicado, sobre todo teniendo en cuenta que era una plantilla nueva. Yo tenía más ilusión por ellos que por mí. Mi mensaje fue claro: "Chicos, disfrutadlo porque esto va a ser único, lo vamos a vivir una vez en la vida". Luego xBuyer Team estuvo a un nivel altísimo y merecieron ser campeones, aunque nosotros tuvimos agallas suficientes para meternos en la tanda fatídica y llegar a tener la oportunidad del penalti para ganar».

¿Cómo juega Juan Arroita?

> «Si fuera por mí, me gustaría ser un equipo que quiera proponer y jugar bonito, además de jugar bien, que no es lo mismo. Obviamente, siempre con el objetivo de ganar, pero al final, tienes el factor de los jugadores, que son los que te marcan. Por ello, quiero manejar todos los registros. Si nos plantamos en un bloque bajo con 4-2, que seamos inexpugnables, y si vamos a bloque medio, que estemos cómodos con el 3-2-1. Veo cada competición como una oportunidad para evolucionar; la intención siempre es mejorar para llegar en la mejor forma posible a la fase eliminatoria».

Siete habitual

Portero: Gerard Vacas
Defensas: Gabriel Vidal - Marc Valiente
Centrocampistas: Gerard Nolla - Álvaro Arché - Gilles Vidal
Delanteros: Oriol Boada

Gilles Vidal

Jugador insignia de El Barrio

Desde el inicio de la competición, Gilles Vidal ha sido uno de los jugadores más desequilibrantes de la Kings League InfoJobs. El primer split lo vivió con la camiseta de Aniquiladores, club que lo drafteó:

> «Fue una etapa muy especial y bonita. Fueron los que me dieron la oportunidad de debutar en la Kings, así que siempre les voy a estar agradecido».

Los inicios no fueron fáciles, aunque pronto mejoraron:

> «Es cierto que las cosas no empezaron como queríamos, pero acabamos muy bien, clasificándonos para el Camp Nou, que seguramente sea la mejor experiencia de mi vida. Solo puedo tener un buen recuerdo de aquellos momentos, de Juan Guarnizo, del Pibe y de toda la afición de Aniquiladores».

Tras la final del Camp Nou, Gilles tuvo que abandonar el club:

> «Me supo mal salir de Aniquiladores, porque tenía mucho cariño a esa familia que se había formado. Al final, no era una decisión que dependiera de mí, porque tal y como estaba montado el mercado tenía que salir. Juan, además, me lo hizo todo muy fácil para que no me sintiera incómodo».

Pese a que fue el jugador más caro de la historia de la Kings League InfoJobs, siempre ha sabido gestionarlo a nivel mental:

> «No noté ningún tipo de presión. Me supe adaptar muy bien y todos mis compañeros me lo hicieron fácil, también porque era un equipo totalmente nuevo. Fui el jugador más caro porque creo que en otros equipos las cláusulas se tuvieron que repartir de forma más equitativa, pero para mí no significa nada haberlo sido».

Fichas de jugadores

Gerard Vacas

24/10/2004 - Diestro - **Portero** - 1,77 m

Media **79**

Probablemente sea un guardameta infravalorado. No sale en las quinielas de los mejores, pero no suele fallar y siempre deja grandes intervenciones.

Reflejos	Vuelo	Duelos	Asociación	Paradas	Anticipación
82	79	80	70	80	79

	Equipo	Partidos jugados	Goles	Asistencias
Primer Split				
Segundo Split				
Kings Cup	El Barrio	7	-23	
Kingdom Cup	El Barrio	6	-5	
Tercer Split	El Barrio	12	-29	1

Alex García

05/01/2003 - Diestro - **Portero** - 1,83 m

Media **67**

Portero de gran agilidad bajo palos. No ha tenido la oportunidad de ser guardameta titular, pero siempre que ha jugado ha demostrado un buen nivel.

Reflejos	Vuelo	Duelos	Asociación	Paradas	Anticipación
67	69	64	64	70	67

	Equipo	Partidos jugados	Goles	Asistencias
Primer Split				
Segundo Split	Porcinos	0	0	
Kings Cup	PIO	3	-14	
Kingdom Cup	PIO	2	-4	
Tercer Split	El Barrio	2	-3	

Xavier Liébanas

19/05/1997 - Diestro - **Defensa** - 1,76 m

Media **69**

Una lesión lo privó de jugar en su estreno en la Kings. Poco a poco debe retomar el ritmo. A su favor tiene que se asocia bien en corto.

Físico	Duelos	Tiro	Defensa	Pase	Habilidad
69	68	71	68	72	67

	Equipo	Partidos jugados	Goles	Asistencias
Primer Split				
Segundo Split				
Kings Cup	El Barrio	3		
Kingdom Cup	El Barrio	5		
Tercer Split	El Barrio	4		

Pau ZZ Ruiz

«Me quedo con poder jugar en el Camp Nou, donde había visto muchos partidos y en el Metropolitano, que es el estadio de mi club».

02/03/1998 - Diestro - **Defensa** - 1,78 m

Media **76**

La polivalencia hecha futbolista. Puede actuar prácticamente en todas las posiciones, y siempre resulta un activo importante debido, sobre todo, a su rapidez.

Físico	Duelos	Tiro	Defensa	Pase	Habilidad
81	68	71	80	74	72

	Equipo	Partidos jugados	Goles	Asistencias
Primer Split	El Barrio	14	1	2
Segundo Split	Aniquiladores	11	1	
Kings Cup	El Barrio	7	2	
Kingdom Cup	El Barrio	5		
Tercer Split	El Barrio	11		2

Iker López

09/08/2003 - Diestro - **Defensa** - 1,78 m

Media
69

Joven defensor, con un papel secundario en algunos equipos, pero siempre importante cuando participa. Repescado por El Barrio en el tercer split.

Físico	Duelos	Tiro	Defensa	Pase	Habilidad
68	69	65	69	72	69

	Equipo	Partidos jugados	Goles	Asistencias
Primer Split	Ultimate	11	2	
Segundo Split	El Barrio	14		
Kings Cup				
Kingdom Cup				
Tercer Split	El Barrio	2	1	

Marc Valiente

29/03/1987 - Diestro - **Defensa** - 1,84 m

Media
80

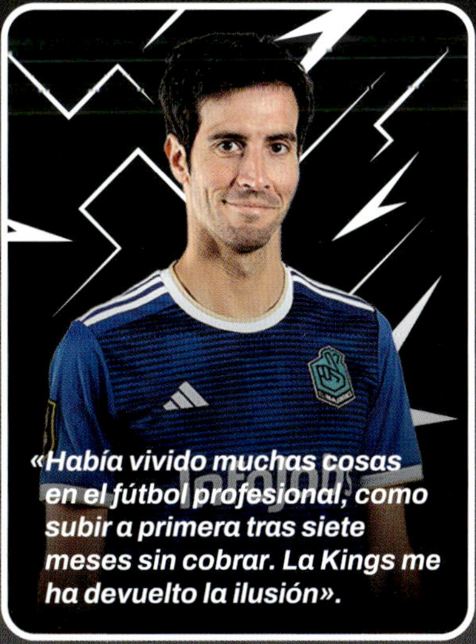

Comandante general de la defensa de El Barrio. Lidera la zaga con su gran salida de balón y altos dotes de mando.

Físico	Duelos	Tiro	Defensa	Pase	Habilidad
83	72	72	84	85	77

	Equipo	Partidos jugados	Goles	Asistencias
Primer Split				
Segundo Split				
Kings Cup	El Barrio	7	1	
Kingdom Cup	El Barrio	6		
Tercer Split	El Barrio	11	3	2

Fran Fuentes

20/01/1985 - Diestro - **Defensa** - 1,80 m

Media **74**

Defensor contundente, incorporado a El Barrio a mediados del tercer split para cambiar la dinámica defensiva del equipo.

Físico	Duelos	Tiro	Defensa	Pase	Habilidad
75	73	73	76	73	72

	Equipo	Partidos jugados	Goles	Asistencias
Primer Split				
Segundo Split				
Kings Cup				
Kingdom Cup				
Tercer Split	El Barrio	4	1	

Gabriel Vidal

08/08/1995 - Diestro - **Centrocampista** - 1,75 m

Media **68**

Un incordio para todos los equipos rivales. Se mueve con rapidez por todas las zonas del campo y es pegajoso en el marcaje.

Físico	Duelos	Tiro	Defensa	Pase	Habilidad
79	65	66	71	68	62

	Equipo	Partidos jugados	Goles	Asistencias
Primer Split				
Segundo Split				
Kings Cup	El Barrio	7	1	
Kingdom Cup	El Barrio	5		1
Tercer Split	El Barrio	12	1	1

Iker González

02/04/2002 - Diestro - **Centrocampista** - 1,75 m

Media **75**

Polivalente futbolista, que puede actuar tanto por dentro como por fuera, ya sea en la retaguardia o en la medular. Tiene un buen golpeo desde lejos.

Físico	Duelos	Tiro	Defensa	Pase	Habilidad
82	75	78	73	72	70

	Equipo	Partidos jugados	Goles	Asistencias
Primer Split				
Segundo Split				
Kings Cup	El Barrio	6	1	
Kingdom Cup	El Barrio	5	2	
Tercer Split	El Barrio	11		

Gilles Vidal

26/10/2002 - Diestro - **Centrocampista** - 1,76 m

Media **80**

Jugador de banda de fantástico regate. Encara sin cesar a su par, especialmente desde la izquierda hacia dentro.

Físico	Duelos	Tiro	Defensa	Pase	Habilidad
80	81	83	70	80	82

	Equipo	Partidos jugados	Goles	Asistencias
Primer Split	Aniquiladores	14	5	4
Segundo Split	El Barrio	14	12	3
Kings Cup	El Barrio	7	5	1
Kingdom Cup	El Barrio	6	3	2
Tercer Split	El Barrio	12	8	1

Álvaro Arché

19/11/1996 - Diestro - **Centrocampista** - 1,82 m

Media **77**

Tiene talento a raudales. Se mueve entre la defensa y el centro del campo rival, siempre buscando el espacio para participar; también sabe definir.

Físico	Duelos	Tiro	Defensa	Pase	Habilidad
75	73	81	70	83	79

	Equipo	Partidos jugados	Goles	Asistencias
Primer Split	Ultimate	12	9	1
Segundo Split	El Barrio	14	12	3
Kings Cup	El Barrio	5	3	1
Kingdom Cup	El Barrio	1		
Tercer Split	El Barrio	12	5	2

Pau Fernández

25/05/2001 - Diestro - **Centrocampista** - 1,82 m

Media **74**

Líder de PIO, equipo que movía a su antojo, le costó adaptarse a El Barrio. Cuando el grupo juega a su ritmo, se asienta en campo rival y domina los encuentros.

Físico	Duelos	Tiro	Defensa	Pase	Habilidad
68	65	73	71	84	77

	Equipo	Partidos jugados	Goles	Asistencias
Primer Split	PIO	11	3	2
Segundo Split	El Barrio	14	1	1
Kings Cup	El Barrio	7	2	
Kingdom Cup	El Barrio	4		
Tercer Split	El Barrio	12	2	2

Gerard Nolla

02/09/1998 - Diestro - **Centrocampista** - 1,67 m

Media **81**

Su zurda derrocha clase. Le gusta jugar a pierna cambiada para desequilibrar a su par y golpear. No para de incorporar jugadas nuevas a su repertorio.

Físico	Duelos	Tiro	Defensa	Pase	Habilidad
82	82	88	70	79	84

	Equipo	Partidos jugados	Goles	Asistencias
Primer Split				
Segundo Split	El Barrio	6	3	6
Kings Cup	El Barrio	7	8	
Kingdom Cup	El Barrio	6	2	1
Tercer Split	El Barrio	10	6	3

Jaume Batista

18/03/1998 - Diestro - **Centrocampista** - 1,74 m

Media **77**

Futbolista de pierna diestra hábil, tiene buena llegada al área rival pese a que normalmente parte desde la banda.

Físico	Duelos	Tiro	Defensa	Pase	Habilidad
74	76	77	72	81	80

	Equipo	Partidos jugados	Goles	Asistencias
Primer Split				
Segundo Split				
Kings Cup				
Kingdom Cup				
Tercer Split	El Barrio	1	3	1

Oriol Boada

08/10/1998 - Diestro - **Delantero** - 1,78 m

Media **75**

Goleador incesable, su Kings Cup con Saiyans fue una locura. Engatilla todo lo que le llega, desde dentro y fuera del área. Amante de los remates acrobáticos.

Físico	Duelos	Tiro	Defensa	Pase	Habilidad
74	68	84	65	72	78

	Equipo	Partidos jugados	Goles	Asistencias
Primer Split	El Barrio	14	3	
Segundo Split	Saiyans	12	7	2
Kings Cup	Saiyans	6	12	
Kingdom Cup	Saiyans	5	1	
Tercer Split	El Barrio	7	2	2

José Manuel Fontcuberta

04/01/2000 - Diestro - **Delantero** - 1,67 m

Media **69**

Delantero de buenos movimientos, llegó a la Kings League infoJobs en el tramo final del tercer split, pudiendo disputar únicamente los octavos contra Los Troncos.

Físico	Duelos	Tiro	Defensa	Pase	Habilidad
68	67	71	68	72	71

	Equipo	Partidos jugados	Goles	Asistencias
Primer Split				
Segundo Split				
Kings Cup				
Kingdom Cup				
Tercer Split	El Barrio	1		

Jugadores históricos

José Juan

Fue el encargado de levantar al cielo de Barcelona el trofeo de campeón de la primera Kings League InfoJobs de la historia. Capitán de El Barrio campeón, sus paradas fueron una constante durante todo el primer split.

- ***Real Club Celta de Vigo***
- ***Club Deportivo Lugo***
- ***Club Deportivo Alcoyano***

Papi Gavi

El lateral zurdo, famoso por sus redes sociales, se alineó en el primer split en la derrota ante Aniquiladores (1-4). Es uno de los pocos jugadores 11/12 que ha utilizado El Barrio y que ya no está en la competición.

- ***Madrid Base Villaverde***
- ***Club Deportivo Canillas***
- ***AV La Chimenea***

JIJANTES FC

Equipaciones Split 2 Split 3

Escudo

Gerard Romero
Presidente 27/12/1985 - Vilanova i la Geltrú (Barcelona)

Àlex Solduga	**Entrenador**
Roger de la Villa Moix	**2.º entrenador**
Marc Rus	**Entrenador de porteros**
Albert Rogé	**Delegado**
Jesús Expósito	**Fisioterapeuta**
Biel Bayés	***Team manager***
Carlos Monfort y Oriol Nasarre	***Community maganers***
Gerard Franco	**Fotógrafo**

Fase regular

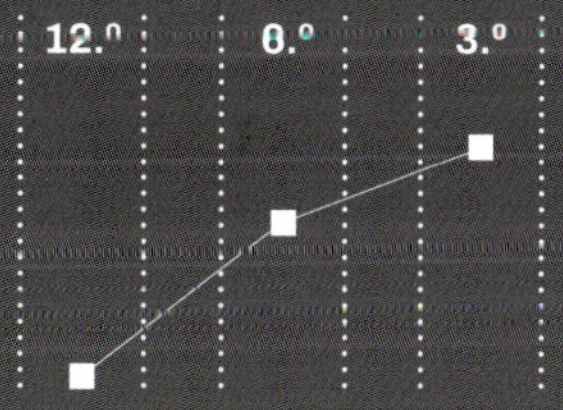

Play-offs

-	4.os	SEMI

@jijantesfc

@jijantesfc

@jijantesfutbolclub

Máximo goleador
Nando Quesada
13 GOLES

Más partidos
José Segovia /
Uri Pons
28 PARTIDOS

Entrenadores
Marc Carmona /
Pau Moral /
Àlex Solduga (actual)

Gerard Romero

Presidente de Jijantes FC

El periodista Gerard Romero fue uno de los que estuvo en la famosa comida fundacional:

> «Yo estaba allí con Piqué, Oriol, Ibai y también apareció Spursito. Al principio pensé que era una liga de videojuegos, pero rápidamente entendí que se trataba de aplicar aspectos de los videojuegos al fútbol real».

La creación del club fue rápida:

> «Nosotros teníamos el canal, al que ya llamábamos Jijantes FC, así que nos facilitó mucho el trabajo a la hora de empezar».

El primer split concluyó en el Camp Nou. Así lo recuerda Romero:

> «Es lo más bestia que hemos vivido. Jugábamos en casa, aunque no habíamos llegado a la Final Four porque tuvimos un split muy complicado. Igualmente, los momentos del himno, la haka y el cariño que nos demostró la gente... Fue un final de split fantástico».

Tras un primer split para olvidar, Jijantes debió regenerarse en el mercado:

> «Hubo muchos nervios. Teníamos a Biel de responsable, junto con Albert Rogé, que se incorporó en ese momento para ayudarnos, y Marc Carmona de entrenador todavía. Quizá desconocíamos algunas cosas y no estábamos del todo ajustados, pero entre Biel y Albert, que trabajaron mucho, sacamos cosas positivas».
>
> «La destitución de Carmona es una de las cosas que peor he gestionado. La hice en el Cupra, rápido y mal, antes de un entrenamiento. Considero que me equivoqué en la forma de llevarlo a cabo».

Palabras para la afición:

> «Muchas gracias, porque nos han ayudado muchísimo. El equipo le ha devuelto su entrega, pero hasta que no les demos un título estaremos en deuda con ellos. Desde la creación de la Jijantada, con todo el casting que hizo Lis, somos el equipo con la afición más comprometida de la Kings. *Gràcies a tots, Joans*».

Se trataba de aplicar aspectos de los videojuegos al fútbol real.

Àlex Solduga

Entrenador de Jijantes FC

La llegada de Àlex Solduga a Jijantes no se puede entender sin su compañero Pau Moral, siempre ligado a él en su andadura en la Kings League InfoJobs:

> «Yo me incorporé en la tercera jornada del segundo split. Hasta entonces estaba Marc Carmona en el equipo, que no acabó de funcionar, con una sola victoria en catorce partidos... Hacía poco que Albert Rogé se había incorporado como director deportivo y él contactó con Pau Moral, que estaba en el fútbol base del Barça y se conocían. Pau volvió de Qatar, donde estaba trabajando con un equipo, y venía solo para un mes y medio. Entonces, él buscó alguien de su confianza para cuando se tuviera que volver y fue cuando habló conmigo».

El aterrizaje de los nuevos técnicos supuso un balón de oxígeno para Jijantes, equipo que hasta entonces estaba sumido en una profunda depresión:

> «Nosotros nos encontrábamos en una situación complicada. Seguíamos los programas y los partidos. Jijantes era un poco el equipo al que más menospreciaban. Entramos con muchas ganas de revertir la situación, con entrenamientos muy destinados al formato de la Kings».

Para lograr mejorar los resultados, tanto Pau como Àlex tuvieron que tomar medidas:

> «Hicimos algunos cambios en la plantilla. Afianzamos a Nando Quesada como jugador 11 e incorporamos a Tom Diawara, que era una apuesta personal. Nuestro primer partido contra El Barrio lo perdimos y nos quedamos con 0 puntos de 12. Pese a ello, acabamos muy bien el split, tanto como para meternos en los play-offs y quedar sextos».

¿Cómo juega Àlex Solduga?

> «Cuando entramos, creíamos que el equipo debía dar un paso a nivel defensivo. Teníamos a Golobart, que era un central más estático, y a David López, que era veterano y podía sufrir a campo abierto. A nivel ofensivo, nos ponemos en un 2-3-1, con alguna caída del medio que podría quedar como 3-3. La idea principal era asentar el equipo, que no sufriera defensivamente, y nos pusimos con un 4-2. Después teníamos que vivir de las transiciones y salir rápido, que es un poco nuestra seña de identidad, aunque hemos ido evolucionando para mejorar también en el ataque posicional».

Siete habitual

Portero: José Segovia
Defensas: Sergio Juste - Adrián Frutos
Centrocampistas: Nando Quesada - Marc Pelaz - Sergi Cabré
Delanteros: Carlos Contreras

José Segovia

Jugador insignia de Jijantes FC

Con el primer pick de la historia de la competición, Porcinos seleccionó al guardameta José Segovia.

> «Fue una etapa muy bonita. Ninguno conocíamos la Kings, pero tuve la fortuna de que firmé con el equipo con el presidente más grande de toda la liga. Fue un honor para mí ser el primer pick, encima de Porcinos».

El día del draft «fue bestial» para Segovia, que lo recuerda así:

> «Al salir como primer pick, tuve más viralidad todavía. Cuando llegué a casa, estaba con mi mujer y actualizaba cada cinco segundos Instagram y no paraban de subirme los seguidores».
>
> «Uno de los primeros días, antes de empezar la jornada inicial, yo estaba entrenando con Porcinos y vino un trabajador de Kosmos a preguntarnos: "Oye, ¿algún portero quiere entrenar con 1K, que no tiene portero?". Ahora sería impensable que pasara esto, la verdad».

Tras el primer split, cambió la camiseta rosa de Porcinos por la azulgrana de Jijantes, de la mano de Gerard Romero:

> «Es un streamer enorme y es un orgullo tenerlo como presidente. Para mí es el más grande junto con Ibai y es precioso poder tener la cercanía que tengo con él. Es un placer poder trabajar a su lado».

En ese sentido, desde antes de empezar de la competición, Segovia ya era consumidor del contenido de su presidente:

> «Antes de arrancar la Kings, Jijantes ya era muy importante para mí. Yo consumía su producto en Twitch, así que poder defender su camiseta me ha hecho especial ilusión. Además, soy muy culé, por lo que la gente se puede imaginar lo que representa para mí».

Fichas de jugadores

José Segovia

13/04/1991 - Diestro - **Portero** - 1,83 m

Media **79**

Es un guardameta consolidado. Seguro bajo palos, histórico primer pick de la Kings League InfoJobs. Su parada ante Nolla es una de las mejores de la historia de la competición.

Reflejos	Vuelo	Duelos	Asociación	Paradas	Anticipación
81	79	80	72	80	76

	Equipo	Partidos jugados	Goles	Asistencias
Primer Split	Porcinos	12	-27	
Segundo Split	Jijantes	12	-35	
Kings Cup	Jijantes	3	-7	
Kingdom Cup	Jijantes	6	-11	
Tercer Split	Jijantes	13	-32	

Mario León

25/05/1983 - Diestro - **Portero** - 1,82 m

Media **71**

Veterano y solvente portero. La baja de Segovia por sanción le abrió las puertas de la titularidad y aprovechó la ocasión para demostrar su solidez.

Reflejos	Vuelo	Duelos	Asociación	Paradas	Anticipación
70	72	68	66	77	66

	Equipo	Partidos jugados	Goles	Asistencias
Primer Split	Jijantes	2	-7	
Segundo Split	Jijantes	1	-3	
Kings Cup	Jijantes	3	-11	
Kingdom Cup	Jijantes	0	0	
Tercer Split	Jijantes	3	-1	

Adrián Frutos

25/07/1991 - Zurdo - **Defensa** - 1,69 m

Media **76**

Defensa zurdo de gran habilidad técnica. Destaca por su salida de balón y su fluidez con el esférico. Fue internacional absoluto por España en fútbol playa.

Físico	Duelos	Tiro	Defensa	Pase	Habilidad
75	79	78	76	75	77

	Equipo	Partidos jugados	Goles	Asistencias
Primer Split				
Segundo Split				
Kings Cup				
Kingdom Cup				
Tercer Split	Jijantes	13	1	

Sergio Juste

19/01/1992 - Diestro - **Defensa** - 1,81 m

Media **80**

Poderoso marcador diestro. Se formó en la cantera del FC Barcelona y además pasó por el fútbol neerlandés. Si algo destaca de él es su juego en corto y aéreo.

Físico	Duelos	Tiro	Defensa	Pase	Habilidad
82	78	78	82	81	78

	Equipo	Partidos jugados	Goles	Asistencias
Primer Split				
Segundo Split				
Kings Cup	Jijantes	6	2	
Kingdom Cup	Jijantes	5		
Tercer Split	Jijantes	13	2	1

Nacho Palacios

07/11/1998 - Zurdo - **Defensa** - 1,95 m

Media **74**

Espigado defensor de grandes dotes físicas. Sale con el balón controlado y llega con facilidad al área rival gracias a su buena zancada. Lleva toda una vida en el Atlètic Sant Just.

Físico	Duelos	Tiro	Defensa	Pase	Habilidad
76	76	72	73	71	77

	Equipo	Partidos jugados	Goles	Asistencias
Primer Split				
Segundo Split				
Kings Cup	Jijantes			
Kingdom Cup	Jijantes			
Tercer Split	Jijantes	1		

Marc Pelaz

19/09/2003 - Diestro - **Centrocampista** - 1,81 m

Media **80**

Agitador del segundo mercato, se trata de un jugador cotizado por todos los equipos. Con un talento máximo, maneja bien ambas piernas, tiene desequilibrio, último pase y golpeo.

Físico	Duelos	Tiro	Defensa	Pase	Habilidad
81	84	80	73	80	83

	Equipo	Partidos jugados	Goles	Asistencias
Primer Split	Rayo Bcn	11	10	2
Segundo Split	Los Troncos	11	14	3
Kings Cup	Los Troncos	9	3	
Kingdom Cup	Los Troncos	5		
Tercer Split	Jijantes	13	11	

Sergi Cabré

24/07/1998 - Diestro - **Centrocampista** - 1,70 m

Media **74**

Es difícil conocer cuál es su techo en cuanto al desgaste físico. Normalmente parte desde la banda, aunque también le gusta pisar zonas centrales.

Físico	Duelos	Tiro	Defensa	Pase	Habilidad
74	68	77	75	74	76

	Equipo	Partidos jugados	Goles	Asistencias
Primer Split				
Segundo Split				
Kings Cup	Jijantes	6		
Kingdom Cup	Jijantes	5	3	
Tercer Split	Jijantes	13	1	

Nil Ayats

02/04/1998 - Zurdo - **Centrocampista** - 1,74 m

Media **69**

Se trata de un futbolista con mucho talento, que se crece en los momentos importantes. Sus tantos han sido vitales para Jijantes. Puede ocupar el centro y la banda.

Físico	Duelos	Tiro	Defensa	Pase	Habilidad
72	66	68	69	70	70

	Equipo	Partidos jugados	Goles	Asistencias
Primer Split				
Segundo Split				
Kings Cup	Jijantes	6	1	
Kingdom Cup	Jijantes	5	5	2
Tercer Split	Jijantes	12	2	

Nando Quesada

05/01/1994 - Diestro - **Centrocampista** - 1,79 m

Media **82**

Tanto por dentro como por fuera, puede considerarse el buque insignia del resurgimiento de Jijantes. No se guarda nada y tiene un cañón en su pierna diestra.

Físico	Duelos	Tiro	Defensa	Pase	Habilidad
80	82	83	78	85	83

	Equipo	Partidos jugados	Goles	Asistencias
Primer Split	Jijantes	1	1	
Segundo Split	Jijantes	11	9	
Kings Cup	Jijantes	6	8	
Kingdom Cup	Jijantes	6		1
Tercer Split	Jijantes	13	6	4

Uri Pons

06/06/2002 - Zurdo - **Delantero** - 1,77 m

Media **68**

Delantero potente que explota bien los espacios, algo que choca con su gran envergadura física. Cabe destacar que lanza misiles con su poderosa pierna zurda.

Físico	Duelos	Tiro	Defensa	Pase	Habilidad
68	66	70	61	66	70

	Equipo	Partidos jugados	Goles	Asistencias
Primer Split	Porcinos	9	5	1
Segundo Split	Jijantes	13	4	1
Kings Cup	Jijantes	6		
Kingdom Cup	Jijantes	5		2
Tercer Split	Jijantes	9		

David Sánchez

09/04/1992 - Diestro - **Delantero** - 1,78 m

Media **73**

Punta referencial, siempre actúa como el hombre más adelantado del equipo. Le gusta recibir en el área para así definir ante puerta.

Físico	Duelos	Tiro	Defensa	Pase	Habilidad
73	75	74	63	70	75

	Equipo	Partidos jugados	Goles	Asistencias
Primer Split				
Segundo Split				
Kings Cup	Kunisports	5		
Kingdom Cup	Kunisports	6		
Tercer Split	Jijantes	8		1

Carlos Contreras

28/11/1992 - Diestro - **Delantero** - 1,79 m

Media **76**

Primer pick del segundo draft. Es un goleador insaciable que se mueve como pez en el agua dentro del área; es especialista en las inferioridades por dados.

Físico	Duelos	Tiro	Defensa	Pase	Habilidad
77	75	78	70	75	78

	Equipo	Partidos jugados	Goles	Asistencias
Primer Split				
Segundo Split				
Kings Cup	Jijantes	6	3	2
Kingdom Cup	Jijantes	5	1	4
Tercer Split	Jijantes	12	3	1

Adrián Espinar

07/09/2000 - Diestro - **Delantero** - 1,70 m

Media **75**

Jugador habilidoso que puede formar desde el centro del campo y la delantera. Pasará a la historia gracias a su tanto definitivo ante Porcinos y el shootout final ante xBuyer Team.

Físico	Duelos	Tiro	Defensa	Pase	Habilidad
75	74	77	72	76	76

	Equipo	Partidos jugados	Goles	Asistencias
Primer Split				
Segundo Split				
Kings Cup	Jijantes	6	4	1
Kingdom Cup	Jijantes	5	3	
Tercer Split	Jijantes	13	1	

Imad El Kabbou

02/04/2000 - Diestro - **Delantero** - 1,72 m

Media **73**

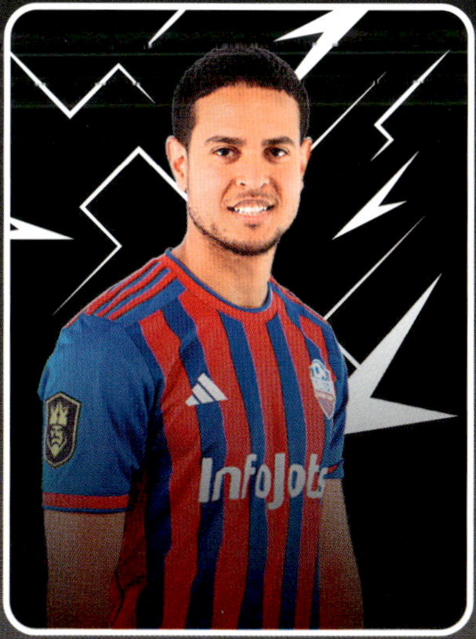

Se formó en la cantera del FC Barcelona y atesora mucha calidad en sus botas. Puede salir por los dos perfiles y siempre es una amenaza para los defensores rivales.

Físico	Duelos	Tiro	Defensa	Pase	Habilidad
72	73	75	69	74	72

	Equipo	Partidos jugados	Goles	Asistencias
Primer Split				
Segundo Split				
Kings Cup				
Kingdom Cup				
Tercer Split	Jijantes	2		

Jugadores históricos

Jonathan Soriano

Inició el primer split como jugador 11 y referencia de Jijantes en el peor momento de la historia del club. Marcó cuatro goles en seis encuentros, antes de abandonar la competición por motivos profesionales.

- ***Real Club Deportivo Espanyol***
- ***Fútbol Club Barcelona***
- ***Girona Fútbol Club***

Román Golobart

Apareció a mitad del primer split y se asentó durante el segundo para liderar la zaga azulgrana. Fue pieza clave para llegar a los cuartos.

- ***Wigan Athletic Football Club***
- ***Fussball-Club Köln***
- ***Real Murcia Club de Fútbol***

J. SEGOVIA
13
keio
EL KABBOU
11
keio
keio

KUNISPORTS

Escudo

Equipaciones Split 2 Split 3

Sergio Leonel Agüero
Presidente 02/06/1988 - Buenos Aires (Argentina)

Martín Posse	**Entrenador**
Albert González	**2.º entrenador**
Ariadna Font	**Delegada | *Team manager***
Oriol Mas	**Fisioterapeuta**
Matías Portela	**Director deportivo**
Marcel Molino	**Fotógrafo**

Fase regular

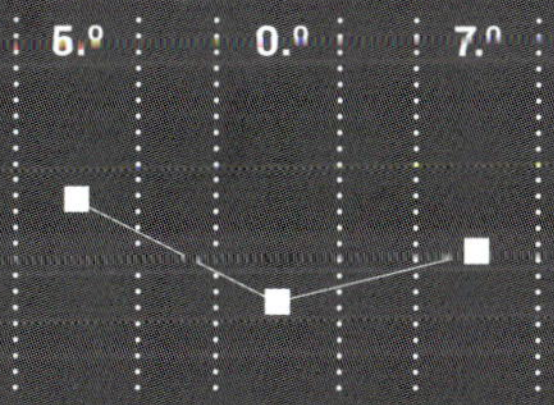

Play-offs

4.os | 8.os | 8.os

@kunisports
@kunisport
@kunisportsoficial

Máximo goleador
Ferran Corominas
23 GOLES

Entrenador
Martín Posse (actual)

Más partidos
Joan Inés
37 PARTIDOS

Kun Agüero

Presidente de Kunisports

Prácticamente recién retirado, el Kun Agüero no dudó en sumarse al proyecto de su excompañero en el FC Barcelona, Gerard Piqué:

> «Comenzó con una charla con él y todo fue surgiendo muy naturalmente. El proyecto me pareció muy interesante y divertido. Después fue cuestión de armar el equipo. Así que, junto con Matías, que es el mánager, empezamos a diseñar el plantel. Lo primero fue identificar quién iba a ser el DT [director técnico]. La búsqueda fue sencilla porque enseguida nos enfocamos en el "Cholo" Posse, con el que tengo un vínculo desde hace bastante tiempo. Su experiencia ayudó mucho a conformar el equipo y también a la hora de seleccionar a los jugadores del draft».

El equipo poco a poco empezó a rodar, siempre «aprendiendo sobre la marcha». En el primer split, además, vivió su debut como jugador:

> «Fue muy especial el día que llegué como el Joker. Toda la preparación, el no decir quién era, la llegada a Barcelona de incógnito, el tratar de que no adivinaran que era yo... fue muy divertido. El encuentro con Ibai en mitad de la cancha también resultó un gran momento. Eso sí, ¡el calor que tenía con ese disfraz! [risas]».

Pese a un buen primer split, Kunisports se quedó fuera de la Final Four, tras caer en cuartos contra Saiyans:

> «Me hubiera encantado que mi equipo estuviera en el Camp Nou, pero la experiencia fue igualmente muy divertida. Para mí fue lindo volver y ver el Camp Nou lleno, le dio un marco espectacular, algo impensable cuando se ideó el proyecto».

Después de la Final Four, llegó el mercato. El Kun Agüero fue uno de los abanderados en contra de muchas de las normas:

> «Uf [resopla]... El primero fue complicado. Ya todos conocen lo que pensé, porque lo fui diciendo en los After y en los Chup Chup. Los famosos "pactous" estuvieron a la orden del día, y está claro que no fue lo mejor para la liga, pero todo sirve de experiencia y se aprende. Al final nos acomodamos y creo que en los mercatos siguientes nos manejamos con otra actitud».

Palabras para la afición:

> «Que sepan que siempre iremos por el mismo camino de ir armando el mejor equipo y la mejor organización. Sabemos que la paciencia no es algo habitual en el fútbol, pero hay que tenerla. Lo sé por experiencia propia. Los resultados llegarán, estoy seguro, si seguimos así. Y que no dejen de alentarnos. De hecho, la afición siempre ha estado increíble. Sabemos que son parte fundamental de Kunisports y siempre se lo hacemos saber».

Martín Posse

Entrenador de Kunisports

Una de las caras más reconocidas de los banquillos desde el inicio, la historia de Kunisports está profundamente ligada a Martín Posse. Su llegada a la competición se relaciona con un peculiar interés familiar:

> «Fue a través del Kun, que me llamó y me explicó cómo funcionaba toda la Kings. Mis hijos hicieron también su papel, porque se enteraron de quiénes eran todos los presidentes y querían que yo también formase parte».

Tras unos splits y una Kings Cup complicados, la recompensa llegó en la Kingdom Cup, en la que se clasificaron para la Final Four:

> «Llegar al Palau Sant Jordi fue un premio para todos los que llevábamos recorriendo este camino desde el principio. Vivir una experiencia así fue muy gratificante para todos; es un incentivo para seguir luchando y volver a vivir una experiencia tan bonita como esa».

Su bagaje como jugador de élite (Vélez Sarsfield, Espanyol, Tenerife) ha sido una baza importante a la hora de liderar el grupo y saber gestionar las emociones:

> «Yo vengo del mundo del fútbol profesional, así que ya sé lo que es lidiar con la presión. Aquí hay muchas variables que ni siquiera dependen de mí como entrenador, como el dado o las situaciones de inferioridad o las cartas. Mi intención es controlar el máximo posible y el resto se decidirá por sí mismo».

¿Cómo juega Martín Posse?

> «Intento siempre tener una buena salida de balón y controlar el partido. Luego tenemos que aprovechar las debilidades del rival. Dependiendo de cómo defiende, nosotros buscamos atacar de forma más organizada o al contragolpe. Ser sólidos defensivamente y agresivos hacia adelante ganando los duelos son dos premisas básicas teniendo en cuenta cómo se disputa este torneo».

Siete habitual

Portero: Víctor Cócera
Defensas: Nico Pareja - Carlitos Val
Centrocampistas: Jordi Gómez - Joan Inés - Iñaki Villalba
Delanteros: Iván Pérez

Intento siempre tener una buena salida de balón y controlar el partido.

Carlos Torrentbó

Jugador insignia de Kunisports

Fue uno de los jugadores más destacados del primer split, en su primera etapa como jugador de Kunisports. El delantero Carlos Torrentbó la rememora así:

> «La recuerdo con mucha ilusión, desde el día del draft, en el que ni siquiera sabía si iba a formar parte de la competición. Teníamos mucha incertidumbre, pero la ilusión era tremenda. Mis favoritos entonces eran Kunisports y 1K y, por fortuna, me seleccionaron los primeros».
>
> «Para mí fue muy importante que me escogiera el Kun, a quien he podido ver jugar muchos años… Imagínate. Cuando me selecciona, encima en primera ronda, flipé. Además, es muy implicado, viene desde Argentina, está siempre hablando con nosotros por teléfono por si necesitamos algo… He pasado de darles pases a mis colegas a dárselos al Kun Agüero».
>
> «El mercato nos pilló a contrapié. No teníamos ningún tipo de poder de decisión, así que pasaría lo que quisieran los clubes. A mí El Barrio me parecía una buena opción y estuve muy bien durante la etapa que formé parte del equipo».

En el equipo de Adri Contreras estuvo a punto de sumar su primer anillo en el Metropolitano:

> «Todo el *show* previo fue brutal. Tuve la suerte de poder chutar un penalti en el minuto treinta y ocho para empatar la final. Me acordaré toda mi vida de coger la pelota, antes de plantarla, y mirar a todos lados, estando en una nube. Me he enmarcado una foto y todo con ese momento [risas]».
>
> «Como jugador de fútbol, es la mejor experiencia que he podido tener. Saltar a un campo con sesenta mil personas es algo inolvidable. Me sentí futbolista profesional».

Después de la Kings Cup y la Kingdom Cup, Torrentbó volvió a casa para el tercer split. Para él, Kunisports

> «significa muchísimo, porque fueron ellos quienes me permitieron vivir esta experiencia».

Fichas de jugadores

Sergi Aguilar

08/07/1995 - Diestro - **Portero** - 1,84 m

Media 80

Empezó como suplente en Porcinos, pero se consagró como uno de los mejores en El Barrio. Tiene buen juego de pies y es muy fiable atajando.

Reflejos	Vuelo	Duelos	Asociación	Paradas	Anticipación
83	86	79	68	83	75

	Equipo	Partidos jugados	Goles	Asistencias
Primer Split	Porcinos	2	0	
Segundo Split	El Barrio	13	-26	1
Kings Cup	Kunisports	3	-9	
Kingdom Cup	Kunisports	3	-4	
Tercer Split	Kunisports	6	-10	

Víctor Cócera

19/01/1992 - Diestro - **Portero** - 1,81 m

Media 78

MVP de la primera jornada de la historia de la Kings League InfoJobs y portero de absoluta garantía. Destaca por su buen juego de pies y sus reflejos bajo palos.

Reflejos	Vuelo	Duelos	Asociación	Paradas	Anticipación
81	78	78	70	78	78

	Equipo	Partidos jugados	Goles	Asistencias
Primer Split	Kunisports	11	-18	
Segundo Split	Kunisports	12	-39	2
Kings Cup	Kunisports	3	-5	
Kingdom Cup	Kunisports	4	-8	
Tercer Split	Kunisports	10	-18	2

Carlitos Val

19/02/2000 - Diestro - **Defensa** - 1,83 m

Media **78**

Un defensa con vocación ofensiva. Se despliega siempre que puede y cumple con sus funciones tanto en la parte de atrás como arriba.

Físico	Duelos	Tiro	Defensa	Pase	Habilidad
78	72	79	85	70	75

	Equipo	Partidos jugados	Goles	Asistencias
Primer Split	PIO	11	4	3
Segundo Split	PIO	12	2	
Kings Cup	Kunisports	5		
Kingdom Cup	Kunisports	5		
Tercer Split	Kunisports	12		1

Jordi Abelló

04/01/2000 - Diestro - **Defensa** - 1,82 m

Media **68**

Lateral que se alinea por la derecha del terreno de juego. No duda en ir con fortaleza al choque para robar balones.

Físico	Duelos	Tiro	Defensa	Pase	Habilidad
68	66	67	71	68	67

	Equipo	Partidos jugados	Goles	Asistencias
Primer Split				
Segundo Split				
Kings Cup				
Kingdom Cup	Kunisports	5		
Tercer Split	Kunisports	6		

Nico Pareja

19/01/1984 - Diestro - **Defensa** - 1,81 m

Media **84**

Defensor campeón del primer split con El Barrio, pone la sangre argentina a la Kings. Defiende con pasión el área y es un peligro siempre que se anima a disparar.

Físico	Duelos	Tiro	Defensa	Pase	Habilidad
84	77	82	88	83	80

	Equipo	Partidos jugados	Goles	Asistencias
Primer Split	El Barrio	5		1
Segundo Split	El Barrio	12	1	2
Kings Cup	Kunisports	5	2	1
Kingdom Cup	Kunisports	5	1	1
Tercer Split	Kunisports	8		1

Pablo Zabaleta

16/01/1985 - Diestro - **Defensa** - 1,76 m

Media **78**

Defensa de lujo para Kunisports. Tiene temple para organizar el juego y cancherismo para ir al cruce. Ha jugado más de trescientos partidos en la Premier League.

Físico	Duelos	Tiro	Defensa	Pase	Habilidad
80	71	76	80	77	75

	Equipo	Partidos jugados	Goles	Asistencias
Primer Split				
Segundo Split	Kunisports	4		2
Kings Cup				
Kingdom Cup				
Tercer Split	Kunisports	1		

Mateo Musacchio

26/08/1980 - Diestro - **Defensa** - 1,82 m

Media **88**

Contrastado defensa central, con experiencia en algunas de las mejores ligas del mundo. El Kun apostó por él para la jornada ante Aniquiladores, sin fortuna. Lleva ciento cincuenta partidos en La Liga.

Físico	Duelos	Tiro	Defensa	Pase	Habilidad
88	84	90	89	90	86

	Equipo	Partidos jugados	Goles	Asistencias
Primer Split				
Segundo Split				
Kings Cup				
Kingdom Cup				
Tercer Split	Kunisports	1		

Adrià Parra

26/02/1999 - Diestro - **Defensa** - 1,91 m

Media **74**

Se trata de un defensa de gran poderío físico. Saca el balón jugado y es todo un baluarte en el juego aéreo gracias a su estatura. Habitual de la tercera división, en equipos como el Palencia o el Hospitalet.

Físico	Duelos	Tiro	Defensa	Pase	Habilidad
77	72	73	75	74	70

	Equipo	Partidos jugados	Goles	Asistencias
Primer Split				
Segundo Split				
Kings Cup				
Kingdom Cup				
Tercer Split	Kunisports	1	1	

Iñaki Villalba

15/01/2000 - Diestro - **Centrocampista** - 1,80 m

Media **78**

El francotirador no falla a su cita con el gol cuando el árbitro señala una falta cerca de la frontal. Capaz de realizar los mejores golpeos de la Kings.

Físico	Duelos	Tiro	Defensa	Pase	Habilidad
77	70	85	75	80	78

	Equipo	Partidos jugados	Goles	Asistencias
Primer Split	xBuyer Team	12	2	
Segundo Split	Kunisports	12	9	3
Kings Cup	Kunisports	5		
Kingdom Cup	Kunisports	7		
Tercer Split	Kunisports	12	4	3

Joan Inés

28/03/1997 - Diestro - **Centrocampista** - 1,86 m

Media **79**

Lidera el centro del campo o el ojo de la zaga. Tiene el fútbol en su cabeza, y dirige la salida de balón. Filtra balones y se despliega para llegar al área rival.

Físico	Duelos	Tiro	Defensa	Pase	Habilidad
76	74	86	72	80	80

	Equipo	Partidos jugados	Goles	Asistencias
Primer Split	Kunisports	11	3	1
Segundo Split	Kunisports	12	5	1
Kings Cup	Kunisports	5	1	
Kingdom Cup	Kunisports	7	5	
Tercer Split	Kunisports	10	1	2

Adrià Escribano

10/01/1993 - Diestro - **Centrocampista** - 1,78 m

Media **76**

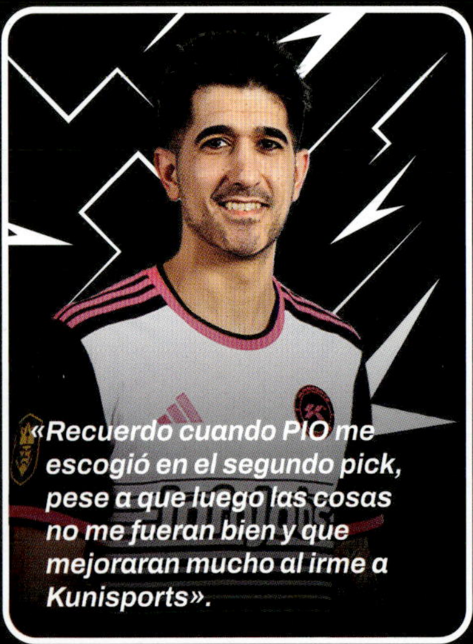

Entró como un hombre importante para PIO, pero acabó sin funcionar en su primera etapa. En Kunisports ganó relevancia.

Físico	Duelos	Tiro	Defensa	Pase	Habilidad
74	68	78	70	85	80

	Equipo	Partidos jugados	Goles	Asistencias
Primer Split				
Segundo Split				
Kings Cup	PIO	5		
Kingdom Cup	PIO	4		
Tercer Split	Kunisports	12		2

Masakazu Okabe

01/08/1983 - Diestro - **Centrocampista** - 1,62 m

Media **71**

Todo un *freestyler*. Regates para aburrir, aunque en su participación en Kunisports no tuvo tiempo suficiente para brillar en la competición.

Físico	Duelos	Tiro	Defensa	Pase	Habilidad
72	71	70	69	73	79

	Equipo	Partidos jugados	Goles	Asistencias
Primer Split				
Segundo Split				
Kings Cup				
Kingdom Cup				
Tercer Split	Kunisports	1		

Emiliano Armenteros

18/01/1986 - Diestro - **Centrocampista** - 1,78 m

Media **73**

Se mueve bien por varias zonas del terreno de juego y es equilibrado tanto en la fase ofensiva como en la defensiva. Internacional por Argentina en el Mundial Sub-20 de 2005.

Físico	Duelos	Tiro	Defensa	Pase	Habilidad
71	71	76	68	78	73

	Equipo	Partidos jugados	Goles	Asistencias
Primer Split				
Segundo Split	Kunisports	1	1	
Kings Cup				
Kingdom Cup				
Tercer Split	Kunisports	2		

Jordi Gómez

24/05/1985 - Zurdo - **Centrocampista** - 1,78 m

Media **80**

Centrocampista de imponente habilidad técnica. Su zurda es una delicia, tanto para la asociación como para el golpeo. En Wigan todavía lo veneran.

Físico	Duelos	Tiro	Defensa	Pase	Habilidad
77	80	81	76	82	86

	Equipo	Partidos jugados	Goles	Asistencias
Primer Split				
Segundo Split				
Kings Cup				
Kingdom Cup	Kunisports	5	5	2
Tercer Split	Kunisports	12	9	3

Carlos Torrentbó

06/02/1991 - Diestro - **Delantero** - 1,73 m

Media **72**

Su parecido con Iniesta lo llevó a destacar y su talento lo consagró con la camiseta de Kunisports. No es un delantero al uso, baja a recibir y genera juego.

Físico	Duelos	Tiro	Defensa	Pase	Habilidad
68	72	75	66	70	73

	Equipo	Partidos jugados	Goles	Asistencias
Primer Split	Kunisports	12	4	2
Segundo Split	El Barrio	14	9	2
Kings Cup	El Barrio	6		
Kingdom Cup	El Barrio	4	1	
Tercer Split	Kunisports	6		

Iván Pérez

11/03/2002 - Diestro - **Delantero** - 1,78 m

Media **74**

Atacante versátil que puede actuar tanto por dentro como por fuera. Tiene acierto de cara a puerta, es habilidoso y golpea potente.

Físico	Duelos	Tiro	Defensa	Pase	Habilidad
74	75	77	63	70	74

	Equipo	Partidos jugados	Goles	Asistencias
Primer Split	Jijantes	5	5	
Segundo Split	Jijantes	10	2	1
Kings Cup	Jijantes	6	2	
Kingdom Cup	Jijantes	5		
Tercer Split	Kunisports	12	8	

Jordi Martínez

09/01/1995 - Diestro - **Delantero** - 1,76 m

Media **68**

Delantero que parte habitualmente como hombre más adelantado. Tiene buen juego en corto y asociación en la frontal.

Físico	Duelos	Tiro	Defensa	Pase	Habilidad
68	68	70	62	68	69

	Equipo	Partidos jugados	Goles	Asistencias
Primer Split				
Segundo Split				
Kings Cup	Kunisports	5		
Kingdom Cup	Kunisports	6	1	
Tercer Split	Kunisports	9	1	1

Pau Mañé

14/07/1997 - Diestro - **Delantero** - 1,73 m

Media **71**

Delantero que destaca por su habilidad para marcharse en el uno contra uno y superar a los rivales con facilidad, aunque también tiene potencia física.

Físico	Duelos	Tiro	Defensa	Pase	Habilidad
72	72	70	68	70	75

	Equipo	Partidos jugados	Goles	Asistencias
Primer Split	Aniquiladores	10	1	2
Segundo Split	Aniquiladores	13	1	
Kings Cup				
Kingdom Cup				
Tercer Split	Kunisports	1		

Manuel Agudo «Nolito»

15/10/1986 - Diestro - **Delantero** - 1,76 m

Media **91**

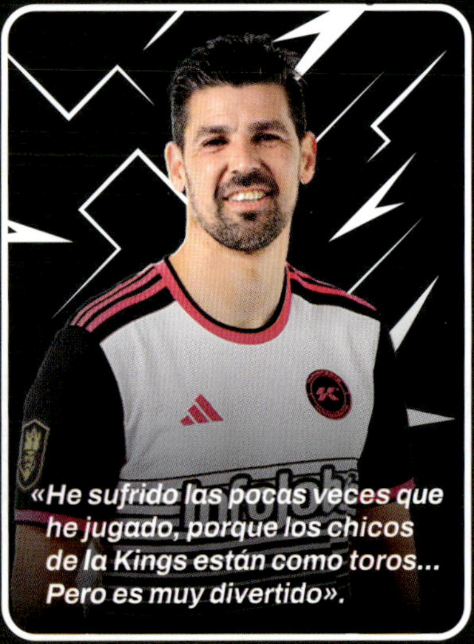

Apareció en la Kings League InfoJobs bajo el nombre de «Enigma 70». Su debut demostró que le sobra calidad. Se coloca en la izquierda para ir hacia dentro y golpear al segundo palo. Ha jugado 243 partidos en La Liga y ha marcado 60 goles.

Físico	Duelos	Tiro	Defensa	Pase	Habilidad
89	91	94	86	92	91

	Equipo	Partidos jugados	Goles	Asistencias
Primer Split				
Segundo Split				
Kings Cup				
Kingdom Cup				
Tercer Split	Kunisports	2	2	1

Jugadores históricos

Javi Chica

Defensor con tres partidos disputados en el primer split. Fue una de las primeras apuestas del Kun Agüero para dotar de solidez al equipo.

- Real Club Deportivo Espanyol
- Real Betis Balompié
- Real Valladolid Club de Fútbol

Mateo Musacchio

Alineado durante la tercera jornada del tercer split, no pudo evitar la derrota de los suyos ante Aniquiladores (3-0).

- Villarreal Club de Fútbol
- AC Milan
- SS Lazio

LOS TRONCOS FC

Equipaciones Split 2 Split 3

Escudo

Jaume Cremades, «Perxitaa»
Presidente 09/07/1991 - Catarroja (Valencia)

Èric Bartra	**Entrenador**
Miguel Rodríguez (Miki)	**2.º entrenador**
Khemo Kante	**Entrenador de porteros**
Carlos Casado	**Delegado**
Elsa Pardo, Nadine Cámara y Marc Guardiola	**Fisioterapeutas**
Alba Avilés (Violeta)	***Team manager***
Albert Padrosa	***Community manager***

Fase regular

3.º	12.º	5.º

Play-offs

SEMI	-	4.ºs

@lostroncosfc.oficial

@LosTroncosFC_

@lostroncosfc_

Máximo goleador
Joan Verdú
40 GOLES

Más partidos
Joan Verdú
42 PARTIDOS

Entrenadores
Pol Font /
Èric Bartra

Perxitaa

Presidente de Los Troncos FC

El streamer valenciano Jaume Cremades, más conocido como Perxitaa, fue uno de los primeros en formar parte del proyecto de la Kings League InfoJobs:

> «Un par de meses antes del anuncio contactaron conmigo. Lo primero que me comentaron es que iba a haber grandes streamers y futbolistas, así que no me lo pensé en ningún momento. Que te propongan ser presidente y propietario de un equipo es un sueño».

Perxitaa quiso elaborar una idiosincrasia diferente a los demás:

> «Empecé a darle muchas vueltas y sabía que tenía que hacer algo para competir de tú a tú con el resto, sobre todo a nivel de imagen. Buscaba que fuera muy atractivo y diferente. Cuando alguien juega a fútbol y es muy lento o muy malo, le suelen llamar "tronco". Entonces se me ocurrió ponerle ese nombre: si ganamos estará bien y si perdemos no pasará nada, pensé. Después, tuve la idea de poner nombre de árboles a los jugadores. Desde el primer día funcionó, porque todo el mundo hacía memes y generábamos contenido».

Los buenos resultados durante el primer split llevaron a Los Troncos a disputar la Final Four del Spotify Camp Nou:

> «Para mí, es una de las grandes experiencias de mi vida. Teníamos a todo el campo animándonos ante Aniquiladores. Por desgracia, igual que viví grandes momentos, también fue muy duro cuando nos eliminaron. Fue muy difícil ver cómo el equipo se desmoronó en el segundo split tras un mal mercado. Creo que no estuvimos a la altura. Veníamos de perder en semifinales y pasamos a quedar últimos».

Palabras para la afición:

> «Gracias por confiar desde el primer momento y estar siempre a mi lado y junto al proyecto. Quizá no somos la afición más grande de la Kings League, pero todo el mundo nos conoce por ser diferentes a los demás. Estoy convencido de que, si seguimos por este camino, algún día el fútbol nos dará un título».

Que te propongan ser presidente y propietario de un equipo es un sueño.

Èric Bartra

Entrenador de Los Troncos FC

Pese a no llegar como entrenador principal, rápidamente Perxitaa se dio cuenta de que en su staff había alguien como Èric Bartra que merecía una oportunidad:

> «Entré como miembro del staff técnico de Los Troncos en una situación muy difícil: abajo en la clasificación tras un primer split muy bueno. Al final del segundo split, Perxitaa decidió prescindir de Pol Font, que era el entrenador que había estado desde el inicio y se reunió conmigo para ofrecerme el cargo. Los dos habíamos ido forjando una muy buena relación y decidí dar el paso junto con otros miembros del staff que ya formaban parte del equipo».

Para empezar a moldear el equipo, Èric tuvo la oportunidad, junto con su staff técnico, de valorar los primeros partidos realizados y mejorar la plantilla en función de sus puntos fuertes y débiles:

> «En el draft buscamos piezas que nos encajaran con lo que teníamos en la cabeza. Hicimos una primera evaluación del equipo, viendo lo que teníamos y en qué puntos podíamos mejorar. Hubo la baja de Edgar Álvaro en el Rayo, a quien pescamos en el draft, y esto nos ayudó a mejorar el poder ofensivo. Entonces, nos centramos más en buscar un equilibrio con los picks y seleccionar a jugadores que nos dieran seguridad».

Cuando habla sobre la final de la Kings Cup en La Rosaleda, el técnico se emociona:

> «Es la mejor experiencia que he vivido profesionalmente. Nunca jamás lo vamos a poder olvidar, ni los jugadores, ni nadie del staff. Jugar delante de tanta gente, aunque no se diera el resultado que queríamos, fue algo para recordar toda la vida».

¿Cómo juega Èric Bartra?

> «Mi primer objetivo era formar un equipo muy sólido. Somos de los equipos que menos han encajado desde que he llegado. Hicimos un cambio muy reseñable a partir de la Kings Cup, en la que nos ordenamos en 4-2. Pasamos a ser más solidarios y trabajadores. Por otra parte, con balón tenemos muy buenos jugadores, con criterio y que generan muchas ocasiones. Sin pelota hemos mejorado con el paso de los partidos y del tiempo. Ahora somos capaces de interpretar mejor los momentos y de apretar arriba para robar y transicionar».

Siete habitual

Portero: Sep Corderas
Defensas: Ian González - Carles Planas
Centrocampistas: Mark Sorroche - Joan Verdú - Aitor Vives
Delanteros: Edgar Álvaro

Joan Verdú

Jugador insignia de Los Troncos FC

Lleva desde el inicio de la competición, cuando debutó en aquel ya lejano 1 de enero de 2023; Joan Verdú es todo un fijo en la Kings League infoJobs:

> «Es otra oportunidad de seguir jugando y disfrutando del fútbol, con la presión todavía de los fines de semana con los partidos. Al principio, realmente era más como un juego, pero poco a poco se fue haciendo más competitivo. Todos han visto que las grandes finales se juegan en estadios de primer nivel y nadie quiere perderse esos eventos».
>
> «Los Troncos significan mucho para mí, porque fueron los primeros en darme la oportunidad. Al principio pensaba que iba a jugar y ya está, pero poco a poco me he dado cuenta de que formo parte de una familia».

Con Los Troncos, el centrocampista ha tenido la oportunidad de llegar a dos Final Four:

> «Las mejores experiencias suelen ser cuando uno marca goles o asistencias y la gente habla de ti. Colectivamente, me quedo con las dos Final Four que hemos podido jugar. La del Camp Nou fue muy especial por ser la primera, y la segunda en La Rosaleda por llegar hasta la final, aunque no la ganáramos. Son experiencias que te motivan a seguir trabajando para poder repetirlas en las futuras competiciones».

Poco a poco me he dado cuenta de que formo parte de una familia.

Fichas de jugadores

Josep Corderas

09/02/1993 - Diestro - **Portero** - 1,84 m

Media 66

Es un portero completo. Sobrio en la meta, deja poco lugar a las dudas. Solventa bien diferentes tipos de disparos.

Reflejos	Vuelo	Duelos	Asociación	Paradas	Anticipación
67	72	65	61	68	65

	Equipo	Partidos jugados	Goles	Asistencias
Primer Split	xBuyer Team	0	0	
Segundo Split	Los Troncos	9	-19	
Kings Cup	Los Troncos	2	-7	
Kingdom Cup	Los Troncos	0	0	
Tercer Split	Los Troncos	10	-16	

Manu Martín

04/04/1995 - Zurdo - **Portero** - 1,81 m

Media 80

Guardameta con experiencia. Destaca por sus grandes intervenciones a tiros lejanos y por saber achicar en el uno contra uno.

Reflejos	Vuelo	Duelos	Asociación	Paradas	Anticipación
81	82	80	71	83	80

	Equipo	Partidos jugados	Goles	Asistencias
Primer Split				
Segundo Split				
Kings Cup	Los Troncos	8	-18	
Kingdom Cup	Los Troncos	5	-6	
Tercer Split	Los Troncos	5	-9	

Ian González

06/01/2003 - Diestro - **Defensa** - 1,86 m

Media **80**

Uno de los defensas más cotizados de la competición. Valiente y expeditivo en el corte, puede ir al suelo y tiene jerarquía para sacar la línea.

Físico	Duelos	Tiro	Defensa	Pase	Habilidad
80	72	77	85	80	77

	Equipo	Partidos jugados	Goles	Asistencias
Primer Split	Ultimate	12		
Segundo Split	Los Troncos	9		1
Kings Cup	Los Troncos	9	1	1
Kingdom Cup	Los Troncos	5		
Tercer Split	Los Troncos	12	2	

Carles Planas

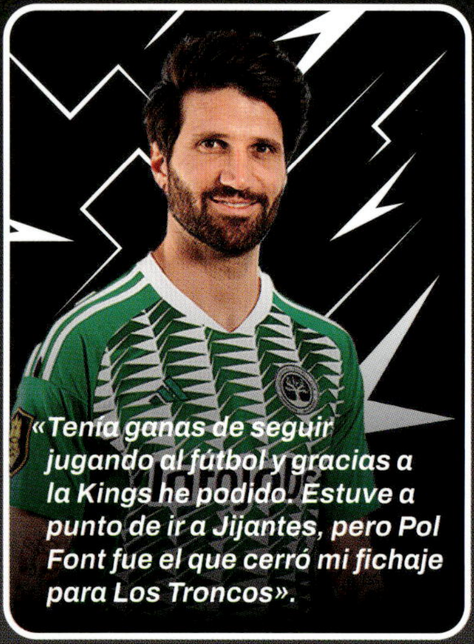

04/03/1991 - Zurdo - **Defensa** - 1,75 m

Media **82**

Cabeza visible del proyecto de Los Troncos desde el primer día. Sale con el esférico controlado gracias a su zurda. Ha jugado más de cincuenta partidos en primera división.

Físico	Duelos	Tiro	Defensa	Pase	Habilidad
80	75	81	86	84	80

	Equipo	Partidos jugados	Goles	Asistencias
Primer Split	Los Troncos	10		4
Segundo Split	Los Troncos	11	2	1
Kings Cup	Los Troncos	8	3	
Kingdom Cup	Los Troncos	5	2	1
Tercer Split	Los Troncos	13	3	

Román Golobart

21/03/1992 - Diestro - **Defensa** - 1,93 m

Media **78**

Su potencia física caracteriza su juego. Le cuesta girar en según qué situaciones, pero en el área es inexpugnable y por arriba resulta inalcanzable. Fue campeón de la FA Cup con el Wigan Athletic en 2013.

Físico	Duelos	Tiro	Defensa	Pase	Habilidad
80	72	70	82	78	75

	Equipo	Partidos jugados	Goles	Asistencias
Primer Split	Jijantes	5	1	
Segundo Split	Jijantes	13	1	
Kings Cup	Los Troncos	1	1	
Kingdom Cup				
Tercer Split	Los Troncos	1		

Joan Verdú

05/05/1983 - Diestro - **Centrocampista** - 1,72 m

Media **88**

Nadie filtra pases como él. Es el generador de ocasiones por excelencia de la Kings. Parece que flota cuando juega. Lleva 261 partidos en primera división del fútbol profesional, con 34 goles y 23 asistencias.

Físico	Duelos	Tiro	Defensa	Pase	Habilidad
82	86	92	70	95	96

	Equipo	Partidos jugados	Goles	Asistencias
Primer Split	Los Troncos	11	11	5
Segundo Split	Los Troncos	10	11	7
Kings Cup	Los Troncos	9	10	3
Kingdom Cup	Los Troncos	5	3	
Tercer Split	Los Troncos	12	8	3

Carlos Ferres

07/05/1995 - Zurdo - **Centrocampista** - 1,73 m

Media **73**

Centrocampista de banda, le gusta tener recorrido para aparecer apurando línea de fondo. Fue reclamado por Perxitaa para volver tras pasar por Jijantes.

Físico	Duelos	Tiro	Defensa	Pase	Habilidad
74	72	74	70	75	75

	Equipo	Partidos jugados	Goles	Asistencias
Primer Split				
Segundo Split				
Kings Cup	Los Troncos	7		
Kingdom Cup	Jijantes	2		
Tercer Split	Los Troncos	13		2

Aitor Vives

06/08/1998 - Diestro - **Centrocampista** - 1,68 m

Media **72**

No pincha pese a ser un cactus. Su baja estatura no le impide ser un continuo ganador de duelos en todas las zonas del campo.

Físico	Duelos	Tiro	Defensa	Pase	Habilidad
75	67	74	69	70	74

	Equipo	Partidos jugados	Goles	Asistencias
Primer Split				
Segundo Split	Ultimate	2		1
Kings Cup	Los Troncos	8	1	1
Kingdom Cup	Los Troncos	5		2
Tercer Split	Los Troncos	13	1	3

Sergio Sánchez

02/12/1993 - Diestro - **Centrocampista** - 1,80 m

Media
73

Futbolista de diferentes registros, capaz de ser solvente en faceta defensiva y ofensiva. Actúa preferiblemente por fuera.

Físico	Duelos	Tiro	Defensa	Pase	Habilidad
72	74	71	71	72	77

	Equipo	Partidos jugados	Goles	Asistencias
Primer Split	Los Troncos	4	4	1
Segundo Split	Ultimate	8		1
Kings Cup	Los Troncos	9	1	
Kingdom Cup	Los Troncos	4		
Tercer Split	Los Troncos	13	1	1

Álex Cubedo

02/12/1993 - Diestro - **Centrocampista** - 1,80 m

Media
71

Se trata de un defensor con buenas dotes con el balón. Sale con el esférico jugado para dar serenidad a su equipo y corta cuando es necesario.

Físico	Duelos	Tiro	Defensa	Pase	Habilidad
70	65	68	75	72	70

	Equipo	Partidos jugados	Goles	Asistencias
Primer Split				
Segundo Split				
Kings Cup	Los Troncos	9		
Kingdom Cup	Los Troncos	5		
Tercer Split	Los Troncos	7		

Brian Quijada

05/05/1983 - Diestro - **Centrocampista** - 1,72 m

Media **80**

Debutó demostrando la chispa que lo caracteriza. Su zurda derrocha talento a raudales. Habitual del fútbol catalán, en equipos como el Santa Coloma de Gramenet y el Mollet del Vallès.

Físico	Duelos	Tiro	Defensa	Pase	Habilidad
81	79	82	76	77	81

	Equipo	Partidos jugados	Goles	Asistencias
Primer Split				
Segundo Split				
Kings Cup				
Kingdom Cup				
Tercer Split	Los Troncos	3	1	

Mark Sorroche

15/06/2004 - Diestro - **Delantero** - 1,80 m

Media **77**

Extremo desenfadado. Tiene una punta de velocidad alta y no se cansa de encarar al rival; golpea con violencia.

Físico	Duelos	Tiro	Defensa	Pase	Habilidad
77	78	80	64	78	82

	Equipo	Partidos jugados	Goles	Asistencias
Primer Split	1K	11	2	1
Segundo Split	Los Troncos	11	5	6
Kings Cup	Los Troncos	9	8	
Kingdom Cup	Los Troncos	5	3	
Tercer Split	Los Troncos	13	2	

Edgar Álvaro

14/01/2000 - Diestro - **Delantero** - 1,81 m

Media **78**

Goleador sin igual y artillero. Le gusta jugar de espaldas para descargar, pero es un peligro absoluto cuando se queda libre de marca en el área.

Físico	Duelos	Tiro	Defensa	Pase	Habilidad
82	78	78	70	78	80

	Equipo	Partidos jugados	Goles	Asistencias
Primer Split	Los Troncos	13	15	3
Segundo Split	Rayo Bcn	11	7	3
Kings Cup	Los Troncos	9	5	1
Kingdom Cup	Los Troncos	5	2	1
Tercer Split	Los Troncos	13	11	1

Vicenç Oromí

15/03/2004 - Diestro - **Delantero** - 1,84 m

Media **67**

Joven ariete al que le ha faltado continuidad para destacar. Ha dejado chispazos de talento y tiene calidad para hacerse un hueco.

Físico	Duelos	Tiro	Defensa	Pase	Habilidad
70	64	70	60	66	67

	Equipo	Partidos jugados	Goles	Asistencias
Primer Split				
Segundo Split				
Kings Cup	Los Troncos	1		
Kingdom Cup	Los Troncos	5		
Tercer Split	Los Troncos	12	1	

Sergio García

09/06/1983 - Diestro - **Delantero** - 1,74 m

Media **78**

Tiene calidad para jugar fuera del área, y dentro de ella, se mueve como pez en el agua. Fue uno de los primeros jugadores 11-12 con Ultimate Móstoles.

Físico	Duelos	Tiro	Defensa	Pase	Habilidad
78	80	80	75	76	77

	Equipo	Partidos jugados	Goles	Asistencias
Primer Split	Ultimate	6	1	2
Segundo Split				
Kings Cup				
Kingdom Cup				
Tercer Split	Los Troncos	1		

Jugadores históricos

Martí Riverola

Aprovechó el parón de la liga andorrana para disputar un encuentro con la elástica verde durante el segundo split, con derrota ante xBuyer Team (2-4).

- ***Fútbol Club Barcelona***
- ***Bologna Football Club 1909***
- ***Real Club Deportivo Mallorca***

Edu Oriol

Jugó dos partidos con Los Troncos, en una profunda renovación del equipo. Ambos acabaron con derrota ante xBuyer Team (2-4) y El Barrio (3-6).

- ***Fútbol Club Barcelona***
- ***Real Zaragoza***
- ***Club Deportivo Tenerife***

PIO FC

Escudo

Equipaciones Split 2 Split 3

Samantha Rivera, «Rivers»
Presidenta 20/08/1998 - Monterrey (México)

Arnau Jariod	**Entrenador**
Luis Giraldez	**2.º entrenador**
Marc Hidalgo	**Entrenador de porteros**
Marc Morales	**Delegado**
Alberto Pérez	**Preparador Físico**
Ana Martín	**Fisioterapeuta**
Josep Samper	***Team manager***
Óscar Ollero	**Fotógrafo |** ***Community manager***

Fase regular

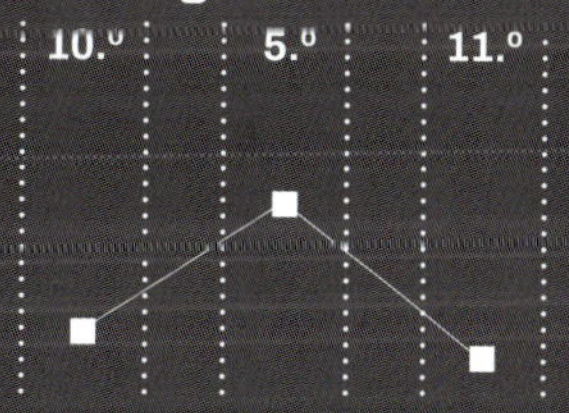

Play-offs

-	8.os	-

@piofutbolclub

@PIO_FC

@piofc

Máximo goleador
Carlos Corvo
18 GOLES

Más partidos
Aaron Ropero
39 PARTIDOS

Entrenadores
Gerardo Torrado /
Diego Morata /
Pol Coma /
Arnau Jariod (actual)

Rivers

Presidenta de PIO FC

La única presidenta de la competición llegó desde México. Samy Rivera estaba en un viaje de trabajo cuando le contactaron desde Kosmos por primera vez:

> «Me llegó un mensaje de voz, de cinco minutos, de Oriol Querol. En ese momento yo no sabía todavía quién era Oriol. Cuando lo escuché, en los primeros treinta segundos ya mencionaba algo de tener un equipo de fútbol y cuando lo oí, ya contesté que estaba dentro, que podían contar conmigo».

El equipo de Rivers logró encontrar una idiosincrasia propia durante el proceso de creación:

> «Fue muy intenso, pero también muy rápido. Quise involucrar a mi comunidad, tanto en la creación del club como en la del escudo y la identidad. Escuché muchas ideas, pero al final escogí PIO porque era un nombre simbólico, corto y fácil de aprender».

Para la presidenta, uno de los mejores momentos desde que forma parte de la competición fue:

> «...en la presentación de los equipos, cuando nadie sabía muy bien qué iba a pasar. Me vi al lado de Iker Casillas y el Kun Agüero y fue un golpe de realidad. También, a nivel deportivo, cuando fuimos campeonas de la Queens League y en el masculino, el día que tuvimos la oportunidad de jugar contra Ronaldinho».

Palabras para la afición:

> «Siempre se lo digo, pero en lo personal, para mí son la mejor afición de la Kings League. Están siempre ahí, tanto en las buenas como en las malas y nunca fallan en el apoyo. Los quiero muchísimo y espero que vengan mejores momentos. Les brindamos el título de la Queens League y estoy segura de que les daremos más trofeos en el futuro».

Escuché muchas ideas, pero al final escogí PIO porque era un nombre simbólico, corto y fácil de aprender.

Arnau Jariod

Entrenador de PIO FC

El único entrenador que ha estado en los cuerpos técnicos de la Kings League y la Queens League es Arnau Jariod, técnico de PIO:

«Entré a través de Flor, la míster de PIO Femenil. Yo había coincidido con ella en la UE Sant Andreu. Todo fue muy bien. Fuimos campeonas, pero tuve que dejarlo por motivos laborales. Después de un tiempo, Samper, el director deportivo del club, contactó conmigo para llevar el equipo masculino y accedí».

«Me quedo con la sensación de la primera victoria del equipo. Todos tienen sus partes positivas, pero nosotros tardamos unas cuantas jornadas en poder ganar y todo el trabajo que veníamos realizando era muy positivo. Cuando conseguimos ganar contra xBuyer, ese trabajo se vio reflejado también en el resultado y fue muy gratificante».

La repercusión parece no afectar a Arnau, que consigue gestionar la presión y los nervios con gran acierto:

«Es un mundo que mueve mucha gente, en particular nuestra comunidad, que es enorme. A nivel de ilusión, lo noto: cuando ganas vives un momento de euforia, tanto por el staff, los jugadores y la comunidad, y cuando pierdes es bastante duro».

¿Cómo juega Arnau Jariod?

«Nuestra idea era ser un equipo ordenado, difícil de ganar, pero eso nos llevaba a que los rivales nos sometieran en muchas fases del encuentro. Ahora hemos hecho un cambio a mejor: intentamos ser dominadores y protagonistas. Las ganas nos han hecho evolucionar. Somos un equipo valiente con balón, intentando llegar siempre a la portería rival mediante la posesión. También, desde el primer día, lo dejamos todo en el campo».

Siete habitual

Portero: Jorge Ibáñez
Defensas: Marc Torrejón - Alberto Lopo
Centrocampistas: Cokita - Jandro Megía - Carlos Omabegho
Delanteros: Mini Bartu (Dani Ruiz)

Nuestra idea era ser un equipo ordenado, difícil de ganar.

Alberto Lopo

Jugador insignia de PIO FC

Es uno de los futbolistas con más trayectoria en el fútbol profesional de la Kings League InfoJobs. Alberto Lopo, con más de 400 partidos como profesional, volvió a ponerse las botas al inicio de la competición:

> **«Ha supuesto un aire nuevo muy necesario. Venía de estar retirado y el hecho de poder volver a sentirme futbolista lo agradezco mucho. He vuelto a entrenar, competir... Es una experiencia muy gratificante».**

Además, pese a que tuvo un breve parón para entrenar un Juvenil del RCD Espanyol, siempre ha estado ligado a la camiseta de PIO:

> **«Ellos me han dado la oportunidad y estoy muy agradecido. Me he vuelto a sentir importante, teniendo responsabilidad dentro del vestuario. Tengo una edad avanzada en comparación al resto de jugadores y quizá por ello también me he sentido muy respetado desde el primer minuto».**

Tras sus años como profesional, Lopo tuvo que adaptarse a todos los cambios que propone la Kings League infoJobs:

> **«El *show*, los dados, el balón que sale de la jaula... Es un formato muy diferente, pero engancha tanto a los espectadores como a los jugadores. Ha cambiado la forma de ver el fútbol tradicional. Mucho más interactivo y con factores constantes que alteran el juego».**

Ellos me han dado la oportunidad y estoy muy agradecido.

Fichas de jugadores

Jorge Ibáñez

13/03/2003 - Diestro - **Portero** - 1,83 m

Media **77**

Sempiterno guardameta de PIO, destaca por su seguridad pese a su juventud. Sin estridencias, es uno de los porteros más solventes del campeonato.

Reflejos	Vuelo	Duelos	Asociación	Paradas	Anticipación
78	78	80	68	80	72

	Equipo	Partidos jugados	Goles	Asistencias
Primer Split	PIO	11	-26	
Segundo Split	PIO	12	-40	
Kings Cup	PIO	4	-11	
Kingdom Cup	PIO	4	-7	
Tercer Split	PIO	11	-33	2

Flavio Ruggeri

28/04/2000 - Diestro - **Defensa** - 1,74 m

Media **76**

Corrector defensivo de primer nivel, puede formar desde el centro de la zaga o desplazado a un costado; se proyecta con facilidad.

Físico	Duelos	Tiro	Defensa	Pase	Habilidad
77	68	75	79	77	70

	Equipo	Partidos jugados	Goles	Asistencias
Primer Split	Kunisports	12	-2	5
Segundo Split	Porcinos	12	-1	1
Kings Cup	xBuyer Team	5	-1	
Kingdom Cup	xBuyer Team	7		
Tercer Split	PIO	11	-1	

Jandro Megía

02/07/1998 - Zurdo - **Defensa** - 1,83 m

Media **71**

Defensor de buena envergadura, saca el balón jugado y otorga minutos de refresco a Lopo y Torrejón.

Físico	Duelos	Tiro	Defensa	Pase	Habilidad
70	65	66	75	72	72

	Equipo	Partidos jugados	Goles	Asistencias
Primer Split				
Segundo Split				
Kings Cup	Kunisports	5	1	
Kingdom Cup	Kunisports	6		
Tercer Split	PIO	9	1	

Alberto Lopo

05/05/1980 - Diestro - **Defensa** - 1,86 m

Media **80**

Insignia absoluta de PIO, líder dentro y fuera del campo de los de Rivers. Desde la zaga comanda al equipo y lanza el balón parado con gran potencia. Ha jugado 409 partidos en primera división española.

Físico	Duelos	Tiro	Defensa	Pase	Habilidad
80	74	78	85	76	75

	Equipo	Partidos jugados	Goles	Asistencias
Primer Split	PIO	11	7	2
Segundo Split	PIO	11	9	1
Kings Cup				
Kingdom Cup				
Tercer Split	PIO	9	3	

Marc Torrejón

18/02/1986 - Diestro - **Defensa** - 1,87 m

Media **82**

Nadie en su sano juicio chocaría con él. Más fuerte que el vinagre, se impone en todas las disputas. Lleva más de 150 partidos en primera.

Físico	Duelos	Tiro	Defensa	Pase	Habilidad
85	65	80	90	80	74

	Equipo	Partidos jugados	Goles	Asistencias
Primer Split	PIO			
Segundo Split	1K	9	1	6
Kings Cup	1K	5	2	2
Kingdom Cup	PIO	4	1	
Tercer Split	PIO	11	1	

Aaron Ropero

31/01/2001 - Diestro - **Centrocampista** - 1,69 m

Media **65**

Incansable futbolista de gran tesón; infatigable por la banda, siempre derrocha pundonor y alma en cada disputa.

Físico	Duelos	Tiro	Defensa	Pase	Habilidad
67	67	65	60	65	68

	Equipo	Partidos jugados	Goles	Asistencias
Primer Split	PIO	11	1	1
Segundo Split	PIO	12	2	2
Kings Cup	PIO	5	2	
Kingdom Cup	PIO	4		
Tercer Split	PIO	11		1

Óscar Rivero

18/05/2000 - Diestro - **Centrocampista** - 1,81 m

Media **65**

Futbolista de gran habilidad, busca espacios en el centro del campo para conectar con la delantera. Cae a banda con facilidad.

Físico	Duelos	Tiro	Defensa	Pase	Habilidad
66	**68**	**65**	**60**	**63**	**70**

	Equipo	Partidos jugados	Goles	Asistencias
Primer Split	1K	11	3	
Segundo Split	PIO	11	5	2
Kings Cup	PIO	5		
Kingdom Cup	PIO	4	1	
Tercer Split	PIO	7		

Jan Coca

03/03/2004 - Diestro - **Centrocampista** - 1,65 m

Media **74**

Joven extremo de gran aptitud técnica, arranca desde fuera para acabar en zonas centrales. Tiene talento para destacar en la competición.

Físico	Duelos	Tiro	Defensa	Pase	Habilidad
72	**77**	**78**	**65**	**72**	**77**

	Equipo	Partidos jugados	Goles	Asistencias
Primer Split				
Segundo Split	Los Troncos	1		
Kings Cup	Saiyans	6	1	
Kingdom Cup	Saiyans	5		
Tercer Split	PIO	8		

Cokita

14/03/1996 - Zurdo - **Centrocampista** - 1,83 m

Media **65**

Ariete que puede desenvolverse en varias posiciones del terreno de juego. Pasó por 1K durante el segundo split, pero su casa es PIO.

Físico	Duelos	Tiro	Defensa	Pase	Habilidad
66	66	68	61	64	67

	Equipo	Partidos jugados	Goles	Asistencias
Primer Split	PIO	11	2	5
Segundo Split	1K	13	3	1
Kings Cup	PIO	5	1	
Kingdom Cup	PIO	4		
Tercer Split	PIO	11	5	1

David García

04/09/1995 - Diestro - **Centrocampista** - 1,80 m

Media **73**

Hábil centrocampista. Puede actuar tanto por el medio como por la izquierda, buscando zonas centrales y el golpeo al segundo palo. Ha pasado por equipos catalanes como el Club de Fútbol Montañesa, el Club de Fútbol Gavà y el Esport Club Granollers.

Físico	Duelos	Tiro	Defensa	Pase	Habilidad
75	72	74	72	74	73

	Equipo	Partidos jugados	Goles	Asistencias
Primer Split				
Segundo Split				
Kings Cup				
Kingdom Cup				
Tercer Split	PIO	3		

Carlos Omabegho

21/01/1995 - Diestro - **Delantero** - 1,79 m

Media **75**

Jugador de desequilibrio y regate permanente. Se marcha con facilidad y saca el golpeo tanto al palo largo como al corto.

Físico	Duelos	Tiro	Defensa	Pase	Habilidad
78	77	73	68	73	82

	Equipo	Partidos jugados	Goles	Asistencias
Primer Split				
Segundo Split	Los Troncos	1		
Kings Cup	xBuyer Team	5		
Kingdom Cup	xBuyer Team	7		
Tercer Split	PIO	11	4	2

Dani Ruiz «Mini Bartu»

02/01/1999 - Zurdo - **Delantero** - 1,87 m

Media **76**

Delantero que llegó a la competición con un gran cartel. Le costó destacar, pero al final se destapó como un goleador.

Físico	Duelos	Tiro	Defensa	Pase	Habilidad
78	77	78	68	70	77

	Equipo	Partidos jugados	Goles	Asistencias
Primer Split				
Segundo Split	Los Troncos	2		
Kings Cup	1K	5	1	
Kingdom Cup	1K	6	3	
Tercer Split	PIO	11	3	2

Lasha L. Macharashvili

07/10/2001 - Diestro - **Delantero** - 1,85 m

Media **68**

«Me quedo con el día a día con el grupo, la posibilidad de haber convertido a leyendas del fútbol en compañeros».

Poderoso ariete al que le gusta recibir de espaldas y descargar para sus compañeros. En el área se mueve bien, aunque le faltan aciertos a puerta para ser un referente.

Físico	Duelos	Tiro	Defensa	Pase	Habilidad
74	68	66	67	64	66

	Equipo	Partidos jugados	Goles	Asistencias
Primer Split				
Segundo Split				
Kings Cup	El Barrio	7		
Kingdom Cup	El Barrio	4		
Tercer Split	PIO	8		

Víctor Oribe

02/09/1989 - Zurdo - **Delantero** - 1,75 m

Media **78**

Jugador de prodigioso regate y potente zurdazo. Llevaba más de diez años siendo uno de los jugadores más temibles del fútbol catalán, ha pasado por equipos como el Club de Fútbol Reus Deportiu o el Futbol Club Vilafranca.

Físico	Duelos	Tiro	Defensa	Pase	Habilidad
77	76	80	68	80	81

	Equipo	Partidos jugados	Goles	Asistencias
Primer Split				
Segundo Split	Saiyans	6	3	5
Kings Cup				
Kingdom Cup				
Tercer Split	PIO	5	3	2

Jugadores históricos

Javi Márquez

Alineado por PIO en los primeros encuentros de la competición, disputó tres fechas con el conjunto mexicano. Debutó con gol ante Saiyans (1-1).

- ***Real Club Deportivo Espanyol***
- ***Real Club Deportivo Mallorca***
- ***Granada Club de Fútbol***

Carlos Corvo

Máximo goleador histórico del club, con diecinueve tantos repartidos entre los dos primeros splits, la Kings Cup y dos encuentros de la Kingdom Cup. Referencia e ídolo absoluto para la hinchada de PIO.

- ***Santa Coloma de Gramenet***
- ***Sala 10 Zaragoza***
- ***Ribera Navarra***

InfoJobs
InfoJobs
InfoJobs
77
5

PORCINOS FC

Equipaciones Split 2 Split 3

Escudo

Ibai Llanos
Presidente 26/03/1995 - Bilbao

Juvenal Edjogo	**Entrenador**
Joan Compte	**2.º entrenador**
Joan Compte	**Entrenador de porteros**
Valentín Colominas	**Preparador Físico**
Bruno Rioja	**Fisioterapeuta**
Valentí Sanjuan	***Coach***
Marcos de Olaneta	***Team manager***
Adrián Torres	***Community manager***
Sheila Artigas	**Fotógrafa**

Fase regular

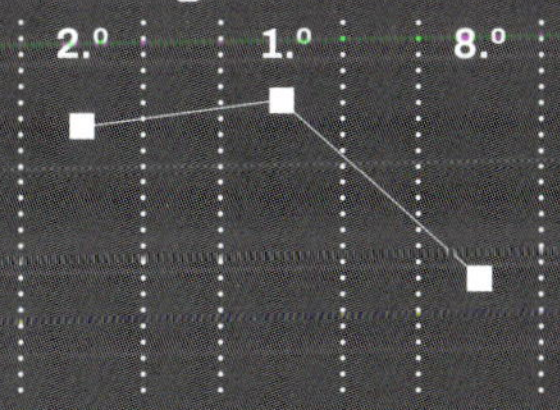

Play-offs

4.os	SEMI	4.os

@porcinosfc.ig

@PorcinosFC

@porcinosfc.tiktok

Máximo goleador
Hugo Fraile
16 GOLES

Entrenador
Juvenal Edjogo-Owono
(actual)

Más partidos
David Soriano /
Jacobo Liencres
39 PARTIDOS

Ibai Llanos

Presidente de Porcinos FC

El rey del streaming, Ibai Llanos, fue uno de los primeros en entrar en competición y a dar ideas:

> «Mi involucración con el proyecto empezó en verano de 2022. Yo sabía que Piqué quería crear una liga y le di alguna idea; en la creación en sí no tuve nada que ver».

Tras plasmarse el proyecto, el presidente empezó a darle vueltas a su equipo:

> «En el proceso de creación del club pensé en muchos nombres, como por ejemplo KOI o algo relacionado con el Gigante. Hablé con un amigo mío y apostamos por Porcinos, que era un equipo de Clubes Pro del FIFA que teníamos con varios streamers».

Durante el primer split, los resultados no fueron los mejores, y el equipo tuvo que rehacerse en el mercado:

> «Fue muy divertido. Invertimos muchísimas horas, tanto Marcos de Olañeta como yo. Hicimos una gran faena y quedamos primeros en el segundo split con un equipo espectacular y ganando todos los partidos menos uno».

Pese a ello, la experiencia en el Metropolitano no fue la mejor:

> «La recuerdo como una gran mierda, hablando claro. Fue el final más cruel que me podía imaginar. Llegamos con el masculino y el femenino. Con los chicos perdimos en los shootouts y con las chicas nos metieron un gol doble en la última jugada del partido. Por si fuera poco, ese mismo día mi equipo de eSports se había quedado fuera del Mundial, así que no me quedó otra que coger el coche y volverme para Barcelona».
>
> «Al principio, casi ni entrenábamos. Pensábamos que era una liga para que jugara gente como Spursito, DjMaRiiO o Papi Gavi, pero pronto cambiamos la visión. Hoy día, se acerca muchísimo a un proyecto profesional. ».

Con todo, Ibai se queda con unos momentos muy concretos:

> «El día que vino Ronaldinho fue uno de los más especiales y dudé de su aparición hasta el último momento».

Por otra parte, Ibai quiso destacar:

> «También me quedaría con tres otros momentos. El primer partido, con Chicharito y Tamudo; las finales del Palau Sant Jordi, en las que goleamos en prácticamente todos los partidos y fuimos muy superiores, y el día en que nos clasificamos para el Metropolitano tras un gran segundo split».

Palabras para la afición:

> «Muchas gracias a toda la gente que vive el proyecto y a todos los que compran camisetas; sabemos que están ahí detrás apoyando a Porcinos. Ellos nos dan la fuerza para seguir adelante».

Juvenal Edjogo-Owono

Entrenador de Porcinos FC

Reconocido desde el primer día como uno de los entrenadores con mayor nivel de la competición, Juvenal Edjogo-Owono, conocido como la Cabra, entró en la competición por una llamada de Marcos de Olañeta:

> «Después de terminar el Mundial de Qatar, en el que estuve trabajando como analista y comentarista de algunos partidos, recibí la llamada. Me tomé algunas horas para averiguar de qué iba la Kings League y finalmente acepté».

Después de un gran segundo split, el equipo consiguió el pase a la Final Four del Metropolitano:

> «La experiencia en Madrid me dejó un sabor agridulce. Íbamos con unas expectativas muy altas de ganar, pero en la semifinal los shootouts nos dejaron fuera. Igualmente, viéndolo con perspectiva, estoy muy contento por el rendimiento del equipo y la forma en que llegamos a la Final Four».

Tras ello, Porcinos debió reinventarse con el segundo draft:

> «Realmente fue muy difícil. Tras el segundo split, en el que hicimos récord de puntuación en la fase regular, y aunque no llegamos a ganar en el Metropolitano, fue muy doloroso comunicarle a la mitad de la plantilla que no podíamos seguir juntos. Fue muy complicado porque me habían dado muy buen rendimiento todos».

En ese sentido, Juvenal pudo quitarse un peso de encima en el Sant Jordi, alzando la Kingdom Cup:

> «Fue una mezcla de mucha presión, por la necesidad de ganar y por el mal sabor de haber hecho una mala Kings Cup. Necesitábamos ganar por la gente y porque ya lo merecíamos. Así que quizá no pude disfrutarlo mucho hasta el pitido final».

¿Cómo juega Juvenal Edjogo-Owono?

> «Desde el principio hemos sido un equipo muy valiente. Mi idea siempre ha sido apretar muy arriba y robar el balón lo más pronto posible. Después, atacar bien también ha sido siempre una de las prioridades. Obviamente, desde el principio de la competición hemos ido variando diferentes aspectos, pero la seña de identidad de Porcinos, que es un equipo muy valiente y ofensivo, siempre se ha mantenido presente».

Siete habitual

Portero: Marc Briones
Defensas: David Soriano - Álex Guti
Centrocampistas: Oscar Coll - Nadir Louah - Pablo Hernández
Delanteros: Jacobo Liencres

Jacobo Liencres

Jugador insignia de Porcinos FC

Deslumbró desde el primer día en la competición. No obstante, Jacobo estuvo a punto de quedarse sin entrar por un descuido:

> «Es una anécdota que siempre cuento: tras terminar un entrenamiento de fútbol regional, tuve una cena con Torrentbó. Me comentó el proyecto, pero el límite para enviar los vídeos era el día siguiente así que me tocó hacerlo rápido por la noche. Fui pasando los filtros, hasta que un día, recibí la confirmación».

Su primera etapa en El Barrio fue realmente brillante. Se consagró como uno de los mejores jugadores:

> «Fue una maravilla. Adri Contreras como presidente también recibió una oportunidad de oro con la Kings League y eso le hizo vivir la competición con la misma energía y alegría que toda la plantilla».

Sobre la final que ganó con El Barrio en el Camp Nou:

> «La he visto por lo menos seiscientas veces. A nivel personal dudo mucho de que pueda vivir nada parecido».

Durante el primer mercado, protagonizó el primer pacto de la historia, marchándose a Porcinos a cambio de Kilian Honorato, tras salir con una cláusula de tan solo un millón virtual:

> «La historia de mi traspaso a Porcinos tuvo una doble cara. Por una parte, todo pasaba muy rápido: me vi ganando la Kings, pero a los dos días ya ardía el mercato. Tuve que ser estratégico, porque al ganar la competición subió el valor de todos los jugadores de El Barrio. Nuestras probabilidades de seguir en el equipo eran mínimas. Creo que escogí el camino perfecto».

Fichas de jugadores

Marc Briones

27/06/1998 - Diestro - **Portero** - 1,84 m

Media **82**

Para muchos, el mejor guardameta de la competición, ágil y de grandes reflejos. Es todo un seguro bajo palos y bloca balones como pocos.

Reflejos	Vuelo	Duelos	Asociación	Paradas	Anticipación
81	85	83	80	83	82

	Equipo	Partidos jugados	Goles	Asistencias
Primer Split	Saiyans	13	-19	
Segundo Split	Porcinos	11	-25	2
Kings Cup	Porcinos	5	-10	
Kingdom Cup	Porcinos	7	-8	1
Tercer Split	Porcinos	9	-29	2

Eloy Amoedo

10/03/2003 - Diestro - **Portero** - 1,71 m

Media **72**

Su corta estatura para ser portero no le impide atajar balones sin cesar. Es muy ágil debajo de los palos y se agiganta en los shootouts.

Reflejos	Vuelo	Duelos	Asociación	Paradas	Anticipación
70	73	75	70	73	71

	Equipo	Partidos jugados	Goles	Asistencias
Primer Split				
Segundo Split				
Kings Cup	Porcinos	2	-7	
Kingdom Cup	Porcinos	2	-1	
Tercer Split	Porcinos	4	-7	1

Álex Gutiérrez

11/03/1994 - Zurdo - **Defensa** - 1,80 m

Media **82**

Nadie puede parar al «Mini Pekka» en las situaciones de dados. Capaz de robar en zona defensiva y cruzarse todoterreno el campo entero para definir.

Físico	Duelos	Tiro	Defensa	Pase	Habilidad
80	81	73	90	83	77

	Equipo	Partidos jugados	Goles	Asistencias
Primer Split	Ultimate	11	4	3
Segundo Split	Porcinos	10		1
Kings Cup	Porcinos	7	2	1
Kingdom Cup	Porcinos	8	4	4
Tercer Split	Porcinos	10	1	3

David Soriano

05/01/2000 - Diestro - **Defensa** - 1,86 m

Media **72**

Defensor de buena colocación y gran contundencia. Supera habitualmente los duelos físicos, entra al equipo cuando se necesita brindar poderío en este aspecto.

Físico	Duelos	Tiro	Defensa	Pase	Habilidad
77	61	63	78	71	68

	Equipo	Partidos jugados	Goles	Asistencias
Primer Split	Los Troncos	13	1	
Segundo Split	Porcinos	12	2	
Kings Cup	Porcinos	7		
Kingdom Cup	Porcinos	7		
Tercer Split	Porcinos	13	1	

David Cárdenas

02/02/1985 - Diestro - **Defensa** - 1,83 m

Media **67**

Tiene experiencia en la zaga para controlar determinadas situaciones de máxima tensión, no le quema el balón en los pies y sabe colocarse.

Físico	Duelos	Tiro	Defensa	Pase	Habilidad
66	64	68	70	67	66

	Equipo	Partidos jugados	Goles	Asistencias
Primer Split				
Segundo Split				
Kings Cup	Porcinos	7		
Kingdom Cup	Porcinos	8	1	
Tercer Split	Porcinos	13	3	

Nadir Louah

29/05/2003 - Diestro - **Defensa** - 1,89 m

Media **85**

Probablemente, el defensa con más talento de la competición. Al ataque, es sinónimo de peligro.

Físico	Duelos	Tiro	Defensa	Pase	Habilidad
84	90	87	86	83	83

	Equipo	Partidos jugados	Goles	Asistencias
Primer Split	Aniquiladores	8	4	3
Segundo Split	Aniquiladores	13	14	5
Kings Cup	Porcinos	6	3	
Kingdom Cup	Porcinos	8	3	
Tercer Split	Porcinos	13	11	5

Iván de Nova

22/09/1996 - Diestro - **Defensa** - 1,86 m

Media **71**

Defensor de buen pie, que puede incorporarse al ataque cuando es necesario. Aterrizó en Porcinos para disputar la última jornada del tercer split. También ha jugado en la Conference League con el Inter Escaldes.

Físico	Duelos	Tiro	Defensa	Pase	Habilidad
72	74	69	73	69	71

	Equipo	Partidos jugados	Goles	Asistencias
Primer Split				
Segundo Split				
Kings Cup				
Kingdom Cup				
Tercer Split	Porcinos	1		

Oscar Coll

19/06/2000 - Diestro - **Centrocampista** - 1,75 m

Media **79**

Primera elección de Porcinos en el segundo draft. Centrocampista con vocación de atacante, puede jugar tanto en el centro como por fuera, con habilidad para asociarse y disparar.

Físico	Duelos	Tiro	Defensa	Pase	Habilidad
74	73	85	70	86	79

	Equipo	Partidos jugados	Goles	Asistencias
Primer Split	Porcinos			
Segundo Split	Porcinos			
Kings Cup	Porcinos	7	3	
Kingdom Cup	Porcinos	8	5	3
Tercer Split	Porcinos	13	11	2

Pablo Hernández

11/04/1985 - Diestro - **Centrocampista** - 1,73 m

Media **86**

Da igual la camiseta que se ponga o la posición en la que juegue, es un supercrack. Dispara con calidad al segundo palo y rompe líneas. Ha jugado más de 150 partidos en primera, 73 en la Premier League y 12 en la Champions League.

Físico	Duelos	Tiro	Defensa	Pase	Habilidad
80	84	90	76	93	92

	Equipo	Partidos jugados	Goles	Asistencias
Primer Split				
Segundo Split	Rayo Bcn	1	2	
Kings Cup	Rayo Bcn	6	9	
Kingdom Cup	Porcinos	8	12	6
Tercer Split	Porcinos	11	11	5

Xavi Boniquet

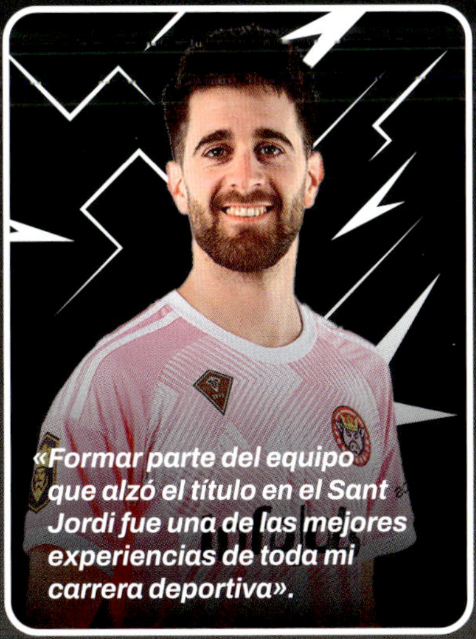

29/05/1990 - Diestro - **Centrocampista** - 1,73 m

Media **80**

Lastrado por ser jugador 13 y no poder alinearse siempre, cuando salta al campo deja muestras de su talento. Zurda de calidad, mediocampista de corte ofensivo.

Físico	Duelos	Tiro	Defensa	Pase	Habilidad
78	77	80	75	87	83

	Equipo	Partidos jugados	Goles	Asistencias
Primer Split				
Segundo Split				
Kings Cup	Porcinos	4	2	2
Kingdom Cup	Porcinos	4	3	4
Tercer Split	Porcinos	2		1

Jacobo Liencres

11/06/1996 - Diestro - **Delantero** - 1,85 m

Media **80**

Se mueve como pez en el agua por toda la zona ofensiva y le sobra calidad técnica. Parte habitualmente como referencia, aunque puede caer a banda en ocasiones.

Físico	Duelos	Tiro	Defensa	Pase	Habilidad
80	77	82	68	80	86

	Equipo	Partidos jugados	Goles	Asistencias
Primer Split	El Barrio	14	6	5
Segundo Split	Porcinos	12	10	2
Kings Cup	Porcinos	7	2	
Kingdom Cup	Porcinos	8	4	1
Tercer Split	Porcinos	13		2

Dorkis Pérez

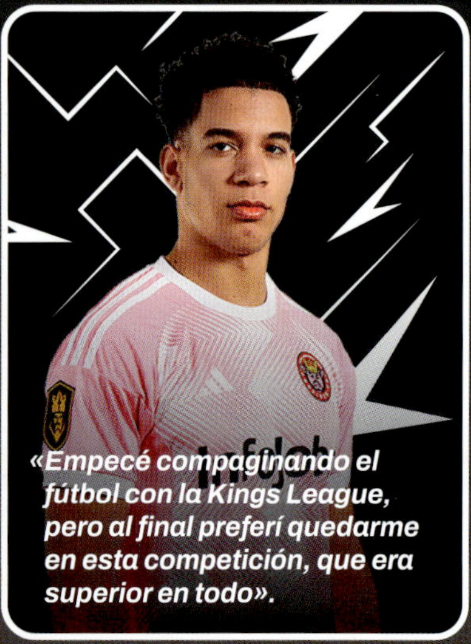

10/04/2002 - Diestro - **Delantero** - 1,80 m

Media **74**

Los defensas tiemblan cada vez que los encara. Le gusta jugarse el uno contra uno desde la derecha para golpear hacia el centro.

Físico	Duelos	Tiro	Defensa	Pase	Habilidad
78	75	76	68	70	72

	Equipo	Partidos jugados	Goles	Asistencias
Primer Split	Los Troncos	13	2	1
Segundo Split	Porcinos	12	6	
Kings Cup	Porcinos	7	2	
Kingdom Cup	Porcinos	8	2	
Tercer Split	Porcinos	3		

Godbless Eribo

19/08/1997 - Diestro - **Delantero** - 1,78 m

Media **77**

Extremo de innumerables condiciones físicas. Marcha por fuera arrollando al rival y sirve balones de nivel si apura la línea de fondo.

Físico	Duelos	Tiro	Defensa	Pase	Habilidad
82	80	77	68	82	80

	Equipo	Partidos jugados	Goles	Asistencias
Primer Split				
Segundo Split				
Kings Cup	Porcinos	7	2	
Kingdom Cup	Porcinos	8		
Tercer Split	Porcinos	10		2

Nicolás Santos

07/02/2000 - Diestro - **Delantero** - 1,84 m

Media **68**

Poderoso ariete de grandes capacidades físicas. Es un resorte para lanzar balones y oxigenar el juego.

Físico	Duelos	Tiro	Defensa	Pase	Habilidad
72	67	70	62	66	68

	Equipo	Partidos jugados	Goles	Asistencias
Primer Split				
Segundo Split				
Kings Cup	Porcinos	7		
Kingdom Cup	Porcinos	8	2	1
Tercer Split	Porcinos	13	3	1

«Hulk» Artigas

10/01/1995 - Diestro - **Delantero** - 1,82 m

Media **77**

Poderoso delantero, vive de su capacidad física y su insaciable voracidad de cara a la portería. Es temible cuando encara al defensa y se propone engatillar. Ha jugado en la Conference League con el Inter Escaldes.

Físico	Duelos	Tiro	Defensa	Pase	Habilidad
80	79	79	69	74	75

	Equipo	Partidos jugados	Goles	Asistencias
Primer Split				
Segundo Split	PIO	6	2	1
Kings Cup				
Kingdom Cup				
Tercer Split	Porcinos	7	2	

Jugadores históricos

Raúl Tamudo

Fichaje estrella de Porcinos en su debut en la Kings League InfoJobs ante Saiyans (4-2). En su único encuentro, vio portería.

- Real Club Deportivo Espanyol
- Real Sociedad de Fútbol
- Rayo Vallecano de Madrid

Diego Capel

La zurda andaluza apareció en el segundo split de la mano de Ibai en el triunfo ante Kunisports (4-2).

- Sevilla Fútbol Club
- Sporting Club de Portugal
- Genoa Cricket and Football Club

RAYO DE BARCELONA

Escudo

Equipaciones Split 2 Split 3

Martí Miràs, «Spursito»
Presidente 31/05/1997 - Andorra la Vella

Erik Llorca	**Entrenador**
Sergio Fernández	**2.º entrenador**
Tomás Pastor	**Entrenador de porteros**
Rikizo Ishiguro y Nil Massanet	**Preparadores Físicos**
Alberto Campillo	**Fisioterapeuta**
Jordi Casado	***Coach***
Samuel Álvarez	**RRSS**
Robert Carbonell	**Gerente**

Fase regular

11.º 11.º 12.º

Play-offs

\- - -

@rayodebarcelona

@RayodeBarcelona

@rayodebarcelona

Máximo goleador
Eric Jiménez
11 GOLES

Más partidos
Franky Purtí
38 PARTIDOS

Entrenadores
Juan Luis /
Efrén Guillén /
Erik Llorca (actual)

Spursito

Presidente de Rayo de Barcelona

Martí Miràs, conocido como Spursito, fue de los primeros en comenzar su andadura en la Kings League InfoJobs:

> «Fue en una comida con Piqué, Ibai y Gerard Romero. Al principio, pensé que era lo típico que se dice, pero que luego no se acabaría llevando a cabo».
>
> «Al mes, me llamaron y me dijeron que me pusiera las pilas, que tenía que buscar nombre al equipo. Tenía muy claro que quería que estuviera el nombre de mi ciudad (Barcelona), y lo de Rayo es porque tenía un perro al que llamábamos Raig («rayo» en catalán). Justo falleció una semana antes de esto, y me pareció un bonito homenaje».

Rayo de Barcelona no pudo participar en la primera Final Four del Camp Nou, pero Spursito lo recuerda con mucho cariño:

> «Aunque no estuviera clasificado, reconozco que ha sido uno de los momentos más bonitos de la Kings League. Fue muy emocionante para todos los que formamos parte del proyecto».
>
> «He podido cumplir el sueño de presidir un club, aunque hasta ahora también ha sido un poco pesadilla, por los malos resultados que me ha tocado vivir».

En ese sentido, añade:

> «Hubo un presidente que, en mi momento más triste dentro de la competición, me acogió en su casa para comer y me animó. Se lo agradezco mucho, porque estuve toda la tarde hablando con él, incluso queriendo apartarme del proyecto. Gracias a él sigo aquí».

Spursito también nos reveló una incorporación que estuvo hecha por momentos:

> «Hay muchos fichajes o ventas que no se han acabado de llevar a cabo, pero han estado muy cerca. Por ejemplo, el caso de Roger Carbó, que se hizo una foto besando el escudo de Rayo, pero por un e-mail acabó sin hacerse el traspaso».

Palabras para la afición:

> «Les pido que confíen mucho en nosotros. Sé que no es nada fácil ser de Rayo y tienen el cielo ganado ya solo por eso. Pero estoy seguro de que, tarde o temprano, conseguiremos sacar los resultados que merecemos».

Pido que confíen mucho en nosotros. Sé que no es nada fácil ser de Rayo.

Erik Llorca

Entrenador de Rayo de Barcelona

Llorca ya ha ocupado dos banquillos de la competición. Así fue su entrada:

«Me llamó el director deportivo de 1K, que me preguntó si estaría interesado en entrenar. Nos entendimos muy rápido y a partir de la Kingdom Cup me hice cargo del equipo».

Rápidamente, Llorca se dio cuenta de la dimensión de la Kings League InfoJobs:

«Me impactaron varias cosas. Por una parte, toda la puesta en escena. Y por otra, toda la gestión de los detalles, cómo cuidan la experiencia desde la parte de la carpa de fuera, con la alimentación para entrenadores y jugadores, y la normativa también».

Tras su abrupto despido de 1K, Rayo de Barcelona se puso en contacto con él para revertir la mala racha de resultados.

«Estábamos llenos de malos hábitos, a nivel de entrenamiento, de juego, de comunicación dentro del grupo... Todo eso ha llevado al equipo a tener malos resultados. Además, el concepto que tenían todos del equipo era muy negativo. Debíamos romper con eso y generar nuevos hábitos, lo cual no es sencillo».

«Procuro no meterme en redes sociales. Me parece importante aislarnos un poco todos los entrenadores, para no comernos demasiado la cabeza. Al final, nuestro descanso mental es vital».

¿Cómo juega Erik Llorca?

«Intentamos ser muy verticales. Buscamos recuperar muy rápido el balón y aprovechar los espacios que se generan en ataque. También ser muy dinámicos y transitar lo mejor posible. Dependiendo de los jugadores, tendremos momentos donde seremos más asociativos, otros más directos, o incluso desequilibrantes en el uno para uno. Eso sí, la idea general es ser dinámicos, verticales y con un ritmo alto».

Siete habitual

Portero: Pol Lechuga
Defensas: Dani Santiago - Román Alegre
Centrocampistas: Eric Jiménez - Hugo Fraile - Isaac Maldonado
Delanteros: Joan Poch

Intentamos ser muy verticales. Buscamos recuperar muy rápido el balón.

Franky Purtí

Jugador insignia de Rayo de Barcelona

Aterrizó en el primer draft en Rayo de Barcelona y no se ha movido desde entonces. Franky Purtí es la insignia del equipo amarillo:

> **«Rayo para mí es mi casa. Es el club que me dio la oportunidad para vivir esta experiencia. Representarlo cada vez que me pongo la camiseta es lo más».**

La competición de Piqué le devolvió a Franky las ganas de jugar:

> **«La Kings League ha supuesto uno de los mayores cambios en mi vida. Yo estaba jugando a fútbol 11 y llegó un momento en que no disfrutaba del juego. Gracias a dar el paso a la Kings League volví a recuperar la ilusión por el deporte».**

Por fortuna, su relación con su presidente es muy cercana:

> **«Para mí tener a Spurs como presidente es lo mejor. Me ha ayudado con algún problema personal y me ha demostrado que está ahí».**

Es uno de los pocos *one club man* de la competición:

> **«Lo veo como algo muy especial que muy pocos jugadores podemos decir, más aún en mi caso, que me siento un gran afortunado por estar en el equipo donde quiero estar. Todos los compañeros con los que estaba en el primer split se marcharon, después en el draft igual... ».**

Para mí tener a Spurs como presidente es lo mejor.

Fichas de jugadores

Ignacio Berché

12/06/1999 - Diestro **Portero** - 1,78 m

Media **79**

Consolidado portero de gran solvencia bajo palos. Ofrece seguridad a la zaga y sabe mandar a sus compañeros.

Reflejos	Vuelo	Duelos	Asociación	Paradas	Anticipación
80	78	80	75	79	78

	Equipo	Partidos jugados	Goles	Asistencias
Primer Split	Ultimate	12		
Segundo Split	Rayo BCN	11	-33	
Kings Cup	Rayo BCN	3	-8	
Kingdom Cup	Rayo BCN	3	-2	
Tercer Split	Rayo BCN	3	-7	

Pol Lechuga

05/10/1996 - Diestro - **Portero** - 1,71 m

Media **79**

Portero de grandes reflejos y agilidad; capaz de intervenciones y goles imposibles.

Reflejos	Vuelo	Duelos	Asociación	Paradas	Anticipación
80	78	80	74	80	82

	Equipo	Partidos jugados	Goles	Asistencias
Primer Split	Los Troncos	13	-38	
Segundo Split	Ultimate	12	-34	
Kings Cup	Rayo BCN	3	-10	
Kingdom Cup	Rayo BCN	5	-6	
Tercer Split	Rayo BCN	9	-30	2

Dani Santiago

22/08/2001 - Diestro - **Defensa** - 1,88 m

Media **73**

Contundente y expeditivo defensor diestro, sale con jerarquía para liderar los ataques. Es un referente para la zaga rayista.

Físico	Duelos	Tiro	Defensa	Pase	Habilidad
70	64	70	78	77	76

	Equipo	Partidos jugados	Goles	Asistencias
Primer Split	xBuyer Team	12		
Segundo Split	Rayo BCN	11		
Kings Cup	Rayo BCN	6		
Kingdom Cup	Rayo BCN	3		
Tercer Split	Rayo BCN	11	1	1

Román Alegre

28/02/2002 - Zurdo - **Defensa** - 1,84 m

Media **74**

Primer pick de la historia de 1K. Cambió de equipos para recuperar su mejor nivel. Aúna talento defensivo con capacidad para filtrar balones.

Físico	Duelos	Tiro	Defensa	Pase	Habilidad
78	68	67	80	71	72

	Equipo	Partidos jugados	Goles	Asistencias
Primer Split	1K	11	2	2
Segundo Split	Saiyans	12	1	2
Kings Cup	Rayo BCN	6		1
Kingdom Cup	Rayo BCN	5		
Tercer Split	Rayo BCN	11	2	2

Pol Román

05/02/1999 - Diestro - **Defensa** - 1,75 m

Media **65**

Defensor que suele formar en el eje de la zaga, aunque también lo puede hacer por fuera en una línea de cuatro. Tiene buena salida de balón.

Físico	Duelos	Tiro	Defensa	Pase	Habilidad
66	60	62	68	65	62

	Equipo	Partidos jugados	Goles	Asistencias
Primer Split				
Segundo Split				
Kings Cup	Rayo BCN	5	1	
Kingdom Cup	Rayo BCN	5		
Tercer Split	Rayo BCN	11	1	1

Franky Purtí

18/11/1999 - Zurdo - **Centrocampista** - 1,74 m

Media **70**

Capitán e insignia de Rayo. Polivalente centrocampista zurdo que suele jugar por fuera, aunque también puede liderar desde el centro.

Físico	Duelos	Tiro	Defensa	Pase	Habilidad
71	65	71	70	72	71

	Equipo	Partidos jugados	Goles	Asistencias
Primer Split	Rayo BCN	11	1	6
Segundo Split	Rayo BCN	9		1
Kings Cup	Rayo BCN	5		
Kingdom Cup	Rayo BCN	5		
Tercer Split	Rayo BCN	11	6	1

Óscar Contreras

13/12/1997 - Diestro - **Centrocampista** - 1,70 m

Media **71**

Repescado por Rayo de cara al tercer split, gobierna el centro del campo de los de Spursito. Tiene temple para dominar los encuentros.

Físico	Duelos	Tiro	Defensa	Pase	Habilidad
75	70	71	64	72	73

	Equipo	Partidos jugados	Goles	Asistencias
Primer Split				
Segundo Split				
Kings Cup				
Kingdom Cup				
Tercer Split	Rayo BCN	11	3	1

Isaac Maldonado

11/01/1990 - Diestro - **Centrocampista** - 1,77 m

Media **68**

Centrocampista de experiencia con gran capacidad para asociarse y llegar al área rival. Suele probar el golpeo desde fuera, tanto de interior como de empeine.

Físico	Duelos	Tiro	Defensa	Pase	Habilidad
66	60	60	77	73	70

	Equipo	Partidos jugados	Goles	Asistencias
Primer Split				
Segundo Split				
Kings Cup				
Kingdom Cup	Rayo BCN	5	1	
Tercer Split	Rayo BCN	7	4	2

Hugo Fraile

16/03/1987 - Diestro - **Centrocampista** - 1,70 m

Media **83**

Tras ser capitán en Porcinos, salió para liderar el proyecto de Rayo. Manda en el Cupra con su talento y capacidad para el golpeo. Ha jugado más de 150 partidos en segunda división.

Físico	Duelos	Tiro	Defensa	Pase	Habilidad
85	75	88	75	88	82

	Equipo	Partidos jugados	Goles	Asistencias
Primer Split	Porcinos	10	8	5
Segundo Split	Porcinos	12	16	4
Kings Cup	Porcinos	7	2	
Kingdom Cup	Rayo BCN	5	1	
Tercer Split	Rayo BCN	11	3	2

Daniel Quesada

29/03/1991 - Diestro - **Centrocampista** - 1,76 m

Media **73**

Llegó a finales del tercer split para intentar revertir una dinámica muy negativa sin fortuna. Centrocampista de buen trato de balón, también gana duelos físicos.

Físico	Duelos	Tiro	Defensa	Pase	Habilidad
74	72	74	71	73	71

	Equipo	Partidos jugados	Goles	Asistencias
Primer Split				
Segundo Split				
Kings Cup				
Kingdom Cup				
Tercer Split	Rayo BCN	1		

José Luis Blanco

05/04/2000 - Diestro - **Delantero** - 1,64 m

Media **67**

Carismático extremo de notable calidad técnica. Tiene un potente tren inferior y buen golpeo; juega en izquierda para cerrarse y disparar.

Físico	Duelos	Tiro	Defensa	Pase	Habilidad
68	66	70	61	66	67

	Equipo	Partidos jugados	Goles	Asistencias
Primer Split	Porcinos	12	5	
Segundo Split	Rayo BCN	8	5	
Kings Cup	Rayo BCN	6		
Kingdom Cup	Rayo BCN	5		
Tercer Split	Rayo BCN	5		

Joan Poch

17/04/2001 - Zurdo - **Delantero** - 1,89 m

Media **77**

Uno de los futbolistas más determinantes de la Kings. Si tiene un buen día, es imparable. Instinto asesino siempre que recibe, arma la zurda con gran facilidad.

Físico	Duelos	Tiro	Defensa	Pase	Habilidad
77	77	80	62	77	80

	Equipo	Partidos jugados	Goles	Asistencias
Primer Split	xBuyer Team	12	11	4
Segundo Split	Saiyans	11	7	
Kings Cup	Rayo BCN	6	4	
Kingdom Cup	Rayo BCN	6	3	
Tercer Split	Rayo BCN	9	1	1

Joel Paredes

03/05/1995 - Diestro - **Delantero** - 1,80 m

Media
75

Tiene el gol en las venas. Uno de los grandes goleadores de los últimos años en la segunda división catalana; en su primer partido con Rayo marcó el tanto decisivo.

Físico	Duelos	Tiro	Defensa	Pase	Habilidad
72	72	78	71	76	78

	Equipo	Partidos jugados	Goles	Asistencias
Primer Split				
Segundo Split				
Kings Cup				
Kingdom Cup				
Tercer Split	Rayo BCN	2	1	

David López

13/12/1999 - Diestro - **Delantero** - 1,87 m

Media
73

Delantero que destaca por su capacidad para el uno contra uno pese a su gran altura. Dentro del área intimida con su presencia física.

Físico	Duelos	Tiro	Defensa	Pase	Habilidad
72	72	75	71	73	73

	Equipo	Partidos jugados	Goles	Asistencias
Primer Split				
Segundo Split				
Kings Cup				
Kingdom Cup				
Tercer Split	Rayo BCN	1		

Eric Simó

05/09/1999 - Zurdo - **Delantero** - 1,76 m

Media **72**

Extremo muy hábil, que puede actuar en cualquiera de las posiciones de ataque. Tiene desequilibrio y supera a rivales con facilidad. Ha pasado por varios equipos de primera catalana.

Físico	Duelos	Tiro	Defensa	Pase	Habilidad
72	73	73	69	71	74

	Equipo	Partidos jugados	Goles	Asistencias
Primer Split				
Segundo Split				
Kings Cup				
Kingdom Cup				
Tercer Split	Rayo BCN	1		

Eric Jiménez

24/05/1997 - Zurdo - **Delantero** - 1,72 m

Media **81**

El chico malo de la clase. Tiene capacidad para romperla, con un desequilibrio excelente y una zurda de gran talento que le permite golpear en muchas situaciones.

Físico	Duelos	Tiro	Defensa	Pase	Habilidad
78	81	86	68	77	83

	Equipo	Partidos jugados	Goles	Asistencias
Primer Split				
Segundo Split	Rayo BCN	11	6	1
Kings Cup	Rayo BCN	5	3	
Kingdom Cup	Rayo BCN	5		1
Tercer Split	Rayo BCN	6	2	1

Nacho Catalán

31/03/2000 - Diestro - **Delantero** - 1,72 m

Media
72

Delantero de buena asociación y con capacidad para jugar fuera del área. Aterrizó en Rayo y cambió la dinámica en su primer partido.

Físico	Duelos	Tiro	Defensa	Pase	Habilidad
70	70	74	70	72	74

	Equipo	Partidos jugados	Goles	Asistencias
Primer Split				
Segundo Split				
Kings Cup				
Kingdom Cup				
Tercer Split	Rayo BCN	2		

Issey Nakajima

16/05/1984 - Diestro - **Delantero** - 1,78 m

Media

Veterano delantero de referencia, se mueve bien en el área y se asocia con los compañeros cuando baja a recibir el esférico. Ha sido 39 veces internacional absoluto por Canadá.

Físico	Duelos	Tiro	Defensa	Pase	Habilidad

	Equipo	Partidos jugados	Goles	Asistencias
Primer Split				
Segundo Split				
Kings Cup				
Kingdom Cup				
Tercer Split	Rayo BCN	1		

Cristian Delgado

28/06/1993 - Zurdo - **Delantero** - 1,90 m

Media **71**

Defensor de gran presencia física. Destaca por su altura y por su capacidad para ganar duelos en el área. Es un habitual del fútbol catalán, en equipos de primera y segunda catalana.

Físico	Duelos	Tiro	Defensa	Pase	Habilidad
73	72	71	71	70	69

	Equipo	Partidos jugados	Goles	Asistencias
Primer Split				
Segundo Split				
Kings Cup				
Kingdom Cup				
Tercer Split	Rayo BCN	2	1	

Jugadores históricos

Dídac Vilà

Primer capitán de la historia de Rayo, lideró la zaga durante el primer split, sin conseguir el pase a los play-offs. Disputó nueve encuentros y marcó un doblete en el triunfo ante PIO (5-4).

- Real Club Deportivo Espanyol
- AC Milan
- Real Betis Balompié

Mandi Sosa

Deslumbró en el único encuentro que disputó, el famoso partido de la repetición entre Aniquiladores y Rayo de Barcelona en la novena jornada del primer split.

- Villarreal Club de Fútbol
- Real Madrid Castilla
- Unión Deportiva Almería

SAIYANS FC

Equipaciones	Split 2	Split 3

Escudo

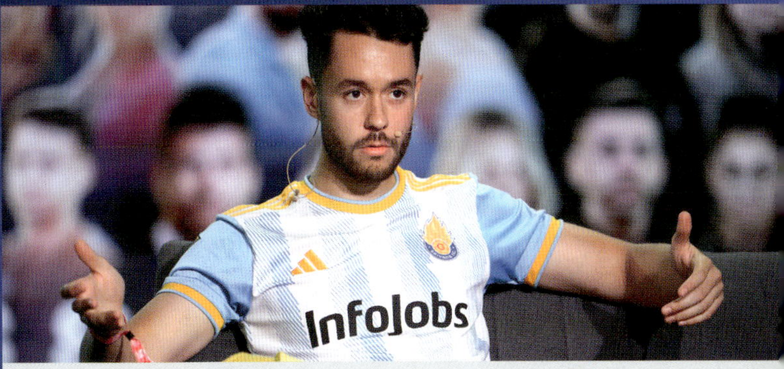

David Cánovas, «TheGrefg»
Presidente 24/04/1997 - Alhama de Murcia

Dani Romo	**Entrenador**
Narcís Barrera	**Delegado**
Adrià Gorriz	**Preparador físico**
Brian Steve González	**Fisioterapeuta**
Víctor Alfaya	**Director deportivo**
Óscar Arranz	***Community manager***
Alberto Cantera	**Fotógrafo**

Fase regular

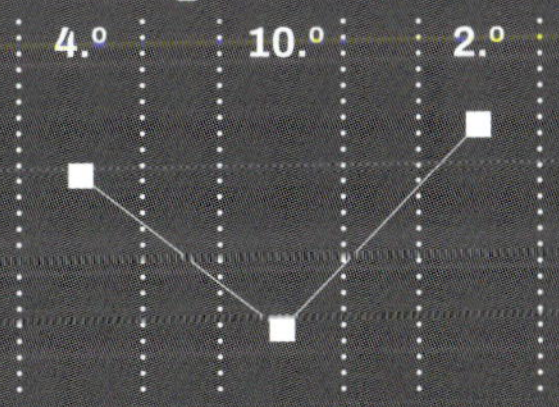

Play-offs

SEMI	4.os	CAMP

@saiyans_fc

@Saiyans_FC_

@saiyans_fc

Máximo goleador
Dani Liñares
25 GOLES

Entrenador
Dani Romo (actual)

Más partidos
Dani Pérez
33 PARTIDOS

TheGrefg

Presidente de Saiyans FC

El camino de TheGrefg empezó tras una comida con el presidente de la Kings League InfoJobs:

«Comienza con un mensaje de Gerard Piqué, que se interesó por mí para formar parte del proyecto. Él mismo me dijo de comer un día en Andorra, así que quedamos. Llegó una hora y media tarde, que es lo que suelo hacer yo, pero ese día me tocó a mí esperar. Me contó de qué iba la liga y al cabo ya estaba llamando a mi mánager para decirle que quería formar parte del proyecto».

«Al principio, estuve a punto de llamar al equipo Los Calvos, porque me acababa de rapar, pero se me ocurrió llamarlo Saiyans. Siempre me he sentido muy identificado con Goku».

Tras un gran primer split el equipo se pudo clasificar para la primera Final Four:

«Fue una cosa surrealista. Un proyecto que había nacido hacía nada se había convertido en algo capaz de llenar el Camp Nou, y yo con mi equipo clasificado. Nunca había estado en ese estadio y, de repente, estaba en un helicóptero junto a Juan Guarnizo, Adri Contreras, Perxitaa y Gerard Piqué».

Y prosigue:

«...tiré un penalti delante de noventa mil personas... Cada cosa que pasaba era más difícil de creer. Fue una lástima perder en semifinales, pero estar ahí ya era un privilegio. Con el tiempo lo sigo valorando por increíble».

Tras esa primera gran experiencia, el club tuvo que modificar toda su plantilla a causa del mercato:

«Fue completamente estresante. Nos provocó malestar. Estaba hecho para que todos los jugadores, especialmente los buenos, se movieran. Lo recuerdo como una muy mala experiencia, ya que no pudimos retener todo el talento que teníamos. Así nos fue el segundo split...».

«Saiyans ha crecido en profesionalidad y facilidades hacia los jugadores. El pilar fundamental del club es el staff al completo».

Tras ganar a Porcinos en el tercer split, tuvo que pagar una prima a su entrenador nunca antes explicada:

«Al empezar el split, le prometí a Dani Romo que, si ganábamos a Porcinos, le compraba unas Crocs, como las que utilicé para chutar un penalti... Se las tuve que comprar».

Palabras para la afición:

«Les agradezco muchísimo que sean una afición tan crítica. Sienten el equipo de verdad y siempre aportan para ayudarlo a mejorar. Me dan buenos consejos y están en las buenas y en las malas. Que nos hayan elegido como club favorito me hace muy feliz, así que solo puedo agradecerles el apoyo».

Dani Romo

Entrenador de Saiyans FC

La llegada de Dani Romo se gestó a fuego lento, a causa de un contrato firmado con su antiguo club:

> «Fue un poco caótico porque yo estaba entrenando al filial de Unionistas de Salamanca. Justo me había comprometido con ellos y un día después me llamó el manager de TheGrefg para ser el entrenador del Mundial de Youtubers. Lo intenté por todos los medios, pero no fue posible porque acababa de firmar. Un mes después, me volvieron a llamar, esa vez para ser entrenador de Saiyans y ahí sí que me pude desvincular para formar parte de este proyecto».

Como otros entrenadores, Dani Romo tuvo pocos días para preparar el draft:

> «Fue una locura. Lo preparé en un día y medio. La llamada de Álex, el manager de TheGrefg, para incorporarme fue el 23 de diciembre, el 24 era Nochebuena y el 25 Navidad... Me tocó ponerme en fiestas y el 26 fue el draft. Tuve que ir de Salamanca a Barcelona en coche, así que perdí diez horas también. Llamé a mucha gente, incluida la Federación Catalana. Por suerte, pude contar con Víctor Alfaya, que sí que conocía a más jugadores. Se lo tengo que agradecer a él, que fue quien más me ayudó».

Sus buenas elecciones en el draft, junto con el trabajo diario, le permitieron a él y a Saiyans disputar la primera Final Four de la historia en el Camp Nou:

> «Es la mejor experiencia que he tenido en mi vida. He viajado al extranjero, a China o a Qatar por el fútbol y en España he estado en 2.ª B. Pero el día del Camp Nou es superior a todos».

¿Cómo juega Dani Romo?

> «Todos los equipos a los que he entrenado han tenido siempre una característica común: la capacidad de adaptación. El poder camaleónico es vital para mí, para adaptarnos a cualquier momento del encuentro. También, el hecho de no rendirse jamás. En cuanto al juego, tenemos posibilidad de salida en progreso y de forma más vertical. A nivel defensivo, somos muy sólidos, incluso pasando de bloque medio a alto con asiduidad».

Siete habitual

Portero: Dani Pérez
Defensas: Martín Mantovani - Augusto Fernández
Centrocampistas: Alfons Serra - Dani Liñares - Sergi Gestí
Delanteros: Jero Martín

Dani Liñares

Jugador insignia de Saiyans FC

El centrocampista Dani Liñares empezó su andadura en la Kings League InjoJobs como jugador 13 durante el segundo split:

> «Mi primera etapa en Rayo fue muy ilusionante. Venía de una larga inactividad a causa de una lesión de rodilla que se complicó y me obligó a pasar dos veces por el quirófano. Estoy muy agradecido a Spursito por haberme dado la posibilidad de entrar en la Kings League, porque me devolvió la ilusión por el fútbol».

Al finalizar el segundo split, Liñares decidió presentarse al draft para cambiar su estatus dentro de la competición:

> «Lo preparé entrenando con muchos equipos de la liga. También tuve muchas llamadas con entrenadores y responsables de los clubes, para conocer mis expectativas y cómo estaba a nivel físico. Cuando no me escogieron en primera ronda, me entraron un poquito los nervios, pero por suerte rápidamente Saiyans me drafteó».

La familia de Saiyans está muy unida y ha pasado por momentos únicos:

> «Después del famoso partido contra Rayo de Barcelona, en el que perdimos y acabamos teniendo que jugar contra Los Troncos en vez de contra Móstoles, tuvimos que cambiar los entrenamientos. El lunes teníamos sesión regenerativa en un centro de alto rendimiento y tuvieron que venir Augusto y Mantovani, porque tenían que quedarse a causa del cambio. Ellos se pensaban que iba a ser una sesión de fisio, así que no vinieron con ropa deportiva. Tuvieron que hacer el entrenamiento en calzoncillos. Fue surrealista, pero muy divertido estar haciendo estiramientos y ver a los dos jugadores más importantes del equipo así».

Fichas de jugadores

Dani Pérez

07/10/1998 - Diestro - **Portero** - 1,80 m

Media **80**

Meta de grandes intervenciones, vuela sin capa y es todo un especialista en las tandas de shootout. Lideró bajo palos a Saiyans, campeón del tercer split.

Reflejos	Vuelo	Duelos	Asociación	Paradas	Anticipación
83	79	80	76	80	81

	Equipo	Partidos jugados	Goles	Asistencias
Primer Split	Aniquiladores	14	-1	
Segundo Split	Saiyans	13	-43	2
Kings Cup	Saiyans	6	-15	
Kingdom Cup	Saiyans	5	-11	
Tercer Split	Saiyans	14	-28	1

Iván Fajardo

22/05/1997 - Diestro - **Portero** - 1,94 m

Media **65**

Portero especialista en los penaltis shootout. Fue repescado por Saiyans a media temporada para asegurarse un suplente de garantías bajo palos.

Reflejos	Vuelo	Duelos	Asociación	Paradas	Anticipación
63	70	61	60	69	65

	Equipo	Partidos jugados	Goles	Asistencias
Primer Split	Saiyans	1	-5	
Segundo Split	El Barrio	4	-9	2
Kings Cup	El Barrio			
Kingdom Cup	El Barrio	2	-1	
Tercer Split	Los Troncos / Saiyans	6	-1	

Martín Mantovani

07/07/1984 - Diestro - **Defensa** - 1,85 m

Media **83**

Defensor inexpugnable de gran poderío físico. Es todo un jerarca, domina en el juego aéreo y se impone en las disputas. Posee dos anillos de campeón y ha jugado más de cincuenta partidos en Primera División.

Físico	Duelos	Tiro	Defensa	Pase	Habilidad
84	72	84	89	80	77

	Equipo	Partidos jugados	Goles	Asistencias
Primer Split	El Barrio	6	2	2
Segundo Split	El Barrio	13	3	1
Kings Cup	Saiyans	6	2	
Kingdom Cup	Saiyans	5		
Tercer Split	Saiyans	14	3	

Marc Galvany

19/04/2004 - Diestro - **Centrocampista** - 1,88 m

Media **67**

Diamante en bruto. Es uno de los jugadores más jóvenes de la competición. Tiene recorrido y se proyecta por la banda.

Físico	Duelos	Tiro	Defensa	Pase	Habilidad
68	61	63	77	68	67

	Equipo	Partidos jugados	Goles	Asistencias
Primer Split	Aniquiladores	14	3	1
Segundo Split	Saiyans	13	3	
Kings Cup	Saiyans	6	2	
Kingdom Cup	Saiyans	5		
Tercer Split	Saiyans	11		

Lucca Ribeiro

12/06/2002 - Zurdo - **Centrocampista** - 1,70 m

Media **70**

Talentoso centrocampista de hábil y gambeteadora pierna zurda. Combina bien el juego en corto con el uno contra uno.

Físico	Duelos	Tiro	Defensa	Pase	Habilidad
75	64	68	70	72	73

	Equipo	Partidos jugados	Goles	Asistencias
Primer Split	Ultimate	12		
Segundo Split	Saiyans	13		1
Kings Cup	Saiyans	4		
Kingdom Cup	Saiyans	4		
Tercer Split	Saiyans	6		

Albert Giner

12/11/1998 - Diestro - **Centrocampista** - 1,70 m

Media **75**

Hábil futbolista de buena asociación en corto y regate. Decidió pedir la baja, de forma voluntaria, al inicio del tercer split.

Físico	Duelos	Tiro	Defensa	Pase	Habilidad
70	77	75	67	78	80

	Equipo	Partidos jugados	Goles	Asistencias
Primer Split				
Segundo Split				
Kings Cup	Saiyans	6		
Kingdom Cup	Saiyans	5		
Tercer Split	Saiyans	1		

Pablo Fernández

30/05/1996 - Diestro - **Centrocampista** - 1,69 m

Media **71**

Suele partir desde la izquierda pese a ser diestro. Es un llegador y tiene visión de juego para poner centros medios al segundo palo.

Físico	Duelos	Tiro	Defensa	Pase	Habilidad
73	67	71	68	72	72

	Equipo	Partidos jugados	Goles	Asistencias
Primer Split				
Segundo Split				
Kings Cup	Saiyans	6	2	
Kingdom Cup	Saiyans	5		
Tercer Split	Saiyans	14	1	

Jero Martín

05/11/1995 - Diestro - **Centrocampista** - 1,75 m

Media **67**

Extremo veloz de rápido regate y buena combinación. Se aleja con velocidad de sus rivales y tiene definición en el mano a mano. En Saiyans se posicionó como uno de los mejores jugadores de la competición para el escalado.

Físico	Duelos	Tiro	Defensa	Pase	Habilidad
68	61	66	64	70	71

	Equipo	Partidos jugados	Goles	Asistencias
Primer Split				
Segundo Split				
Kings Cup	Rayo Bcn	5		
Kingdom Cup	Rayo Bcn	5		
Tercer Split	Saiyans	10	7	2

Alfons Serra

10/12/1990 - Diestro - **Centrocampista** - 1,75 m

Media **72**

Consolidado centrocampista que fue de menos a más. Gracias a su trabajo y despliegue se confirmó como un titular absoluto para Dani Romo.

Físico	Duelos	Tiro	Defensa	Pase	Habilidad
73	66	72	68	75	75

	Equipo	Partidos jugados	Goles	Asistencias
Primer Split				
Segundo Split				
Kings Cup	Saiyans	6		
Kingdom Cup	Saiyans	5	3	1
Tercer Split	Saiyans	14	2	

Dani Liñares

16/05/1998 - Diestro - **Centrocampista** - 1,71 m

Media **80**

Apareció en la competición como jugador 12 de Rayo y acabó en Saiyans tras el draft. Le gustan las chilenas y dispara con su cañón de derecha. Sin discusión, el mejor jugador del tercer split.

Físico	Duelos	Tiro	Defensa	Pase	Habilidad
79	80	83	72	82	84

	Equipo	Partidos jugados	Goles	Asistencias
Primer Split				
Segundo Split	Rayo Bcn	7	2	2
Kings Cup	Saiyans	6	4	
Kingdom Cup	Saiyans	5	4	
Tercer Split	Saiyans	14	21	4

Augusto Fernández

10/04/1986 - Diestro - **Centrocampista** - 1,77 m

Media
81

Líder para todos los equipos. Referente indiscutible, siempre que salta al campo da una lección de concentración y pasión por el deporte. Ha disputado casi 150 partidos en Primera División.

Físico	Duelos	Tiro	Defensa	Pase	Habilidad
82	73	78	85	85	80

	Equipo	Partidos jugados	Goles	Asistencias
Primer Split	Kunisports	1		
Segundo Split	Kunisports	7	2	2
Kings Cup	Saiyans	6		
Kingdom Cup	Saiyans	2		1
Tercer Split	Saiyans	13		

David López

10/09/1982 - Diestro - **Centrocampista** - 1,81 m

Media
79

Puede actuar como centrocampista y como defensor, incorporándose a la zona del centro del campo. Autor del tanto que le dio a Saiyans el primer título de su historia. Ha jugado 196 partidos en Primera División.

Físico	Duelos	Tiro	Defensa	Pase	Habilidad
79	77	74	82	80	77

	Equipo	Partidos jugados	Goles	Asistencias
Primer Split	Saiyans	13	3	1
Segundo Split	Saiyans	13	3	1
Kings Cup				
Kingdom Cup				
Tercer Split	Saiyans	4	1	

Gio Ferinu

09/08/1998 - Diestro - **Delantero** - 1,83 m

Media
68

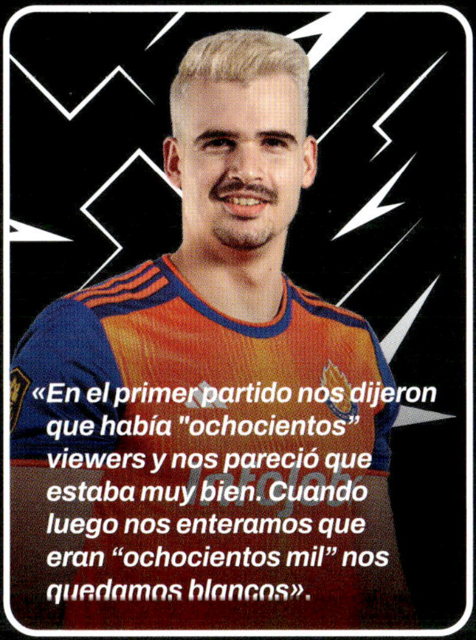

Punta de referencia, con gran juego de espaldas y potente golpeo. Remata centros laterales con facilidad y cuerpea con los defensores.

Físico	Duelos	Tiro	Defensa	Pase	Habilidad
77	62	71	61	63	66

	Equipo	Partidos jugados	Goles	Asistencias
Primer Split	Saiyans	12	3	2
Segundo Split	Ultimate	12	6	
Kings Cup	PIO	7		1
Kingdom Cup	PIO	4	2	
Tercer Split	Saiyans	14		2

Sergi Gestí

14/02/1994 - Diestro - **Delantero** - 1,73 m

Media
68

Atacante de buen trato de balón, se desempeña habitualmente por fuera aunque también puede actuar como hombre más adelantado.

Físico	Duelos	Tiro	Defensa	Pase	Habilidad
72	68	67	64	68	70

	Equipo	Partidos jugados	Goles	Asistencias
Primer Split				
Segundo Split				
Kings Cup	Kunisports	5		
Kingdom Cup	Kunisports	6		
Tercer Split	Saiyans	14	4	

David Gallego

03/08/1993 - Diestro - **Delantero** - 1,83 m

Media **73**

Defensor zurdo que puede actuar tanto en el eje de la zaga como de lateral por la izquierda. Se asocia bien e incluso tiene llegada. Es habitual de la segunda RFEF y debutó en la Copa del Rey.

Físico	Duelos	Tiro	Defensa	Pase	Habilidad
72	73	74	69	74	72

	Equipo	Partidos jugados	Goles	Asistencias
Primer Split				
Segundo Split				
Kings Cup				
Kingdom Cup				
Tercer Split	Saiyans	1		

David Barral

10/05/1983 - Diestro - **Delantero** - 1,80 m

Media **77**

Delantero que Iker Casillas trajo a la competición y que TheGrefg recuperó en el tercer split. El día de su vuelta, no falló a su cita con el gol, ante Aniquiladores. Lleva 221 partidos en La Liga y ha marcado 46 goles.

Físico	Duelos	Tiro	Defensa	Pase	Habilidad
78	79	79	67	74	77

	Equipo	Partidos jugados	Goles	Asistencias
Primer Split				
Segundo Split	1K	11	13	5
Kings Cup				
Kingdom Cup				
Tercer Split	Saiyans	2	1	

Alberto García

09/10/1992 - Zurdo - **Delantero** - 1,76 m

Media **74**

Delantero de buenos movimientos y gran remate. Llegó en el tercer split. Aportó un tanto ante Jijantes. Habitual de la primera regional de Castilla y León.

Físico	Duelos	Tiro	Defensa	Pase	Habilidad
75	74	78	73	70	70

	Equipo	Partidos jugados	Goles	Asistencias
Primer Split				
Segundo Split				
Kings Cup				
Kingdom Cup				
Tercer Split	Saiyans	2	1	

Jugadores históricos

Joan Capdevila

Fue la apuesta estelar de TheGrefg para la primera etapa de Saiyans. Jugó siete partidos y marcó el célebre tanto final ante Porcinos en la jornada inaugural.

- ***Real Club Deportivo Espanyol***
- ***Real Club Deportivo de La Coruña***
- ***Villarreal Club de Fútbol***

David López

Reforzó el equipo al final del primer split y ni siquiera un ingreso hospitalario lo privó de estar en el Spotify Camp Nou. Repitió en el segundo split. Llegó hasta cuartos y disputó los trece encuentros. En el WiZink Center se coronó campeón con Saiyans.

- ***Club Atlético Osasuna***
- ***Athletic Club de Bilbao***
- ***Brighton & Hove Albion Football Club***

GESTÍ
77
Kelo
21

ULTIMATE MÓSTOLES

Escudo

Equipaciones Split 2 Split 3

Mario Alonso, «DjMaRiiO»
Presidente 30/08/1990 - Móstoles (Madrid)

Álex Martínez	**Entrenador**
Isaac Juárez y Javier Morón	**2.os entrenadores**
Juan Muñoz	**Entrenador de porteros**
Pere Aragay	**Delegado**
Mónica Morral	**Preparadora física**
Marc Gascon y Enrique Jordán	**Fisioterapeutas**
Soraya Chaoui	***Team manager***
Alejandro Santos	***Community manager***

Fase regular

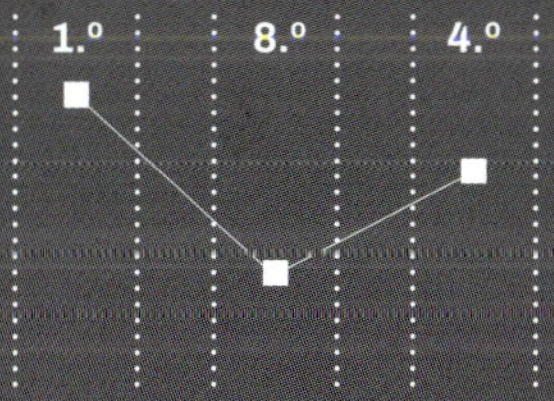

Play-offs

4.os | 8.os | FIN

@ultimatemostolescf

@UltMostoles

@ultimatemostoles

Máximo goleador
Cristian Ubón
33 GOLES

Más partidos
Feliu Torrus / Aleix Lage / Cristian Ubón
33 PARTIDOS

Entrenadores
Nacho Castro / Álex Martínez (actual)

DjMaRiiO

Presidente de Ultimate Móstoles

Mario Alonso, conocido popularmente como DjMaRiiO, fue muy escéptico al principio con el proyecto:

> «Todo empezó con una llamada de Gerard Piqué, en octubre. Me contó un proyecto totalmente loco que iba a empezar en enero. La verdad, no confiaba en ningún momento que todo lo que me explicaba pudiera hacerse realidad en tan poco tiempo, pero se logró».

Con pocas semanas por delante, Mario empezó a construir su equipo. La composición del nombre fue «muy sencilla»:

> «"Ultimate" viene del modo de juego Ultimate Team, del FIFA, que es lo que me ha hecho conocido. Y Móstoles, resulta obvio, por darle mi esencia. Es la ciudad donde he nacido y crecido. Me hace mucha ilusión que la gente conozca también mi ciudad».

Ultimate Móstoles realizó un gran primer split, pese a no disputar la Final Four. Mario tuvo que moverse en el Mercato, ya que sus jugadores fueron de los más cotizados:

> «Creo que lo gestioné de forma bastante buena. No quería cambiar a mis jugadores, pero era obvio que estaba montado para que todos los futbolistas se movieran. Entonces lo que hicimos fue actuar rápido: fuimos a por Ubón, Feliu...».
>
> «Mi vida es el fútbol, así que la Kings League para mí es un sueño. Es como si tuviera un hijo. Me encanta estar pendiente de todo, porque es mi pasión. Eso sí, ganar títulos, como en Málaga (Kings Cup), es inigualable, espectacular. Aunque si me tuviera que quedar con el momento más feliz, sería el partido contra Aniquiladores que nos dio el pase a la Final Four».
>
> «El día del fichaje de Shevchenko, nosotros estábamos con problemas de lesiones. Los millones nos venían muy bien para comprar penaltis, pero vi que los presidentes no estaban pujando por él y yo me vine arriba. En el momento de ficharle, pensé "Hostia, igual me he equivocado". Al final, perdimos el partido en los penaltis... Me pasé de *show*, pero un balón de oro ha vestido la camiseta de Ultimate Móstoles, así que no me puedo arrepentir».

Palabras para la afición:

> «Solo puedo darles las gracias por el número de espectadores que hay en todos los partidos, por ser el equipo que más camisetas vende, porque, aunque sean un poquito *trolls*, son los primeros en apoyar al equipo... Mientras yo esté en la presidencia, que espero que sea siempre, el equipo va a luchar por todo».

Álex Martínez

Entrenador de Ultimate Móstoles

Álex Martínez es uno más de los tantos entrenadores que empezaron en la Kings League InfoJobs formando parte como asistentes y acabaron asumiendo el rol de primer entrenador:

> «Mi llegada a la Kings League fue a través de Nacho Castro. Cuando él aceptó el reto nos llamó a mí, a Narcís y a Marcos para formar parte de su staff. Con el tiempo nos comunicó que le había salido una propuesta en México y que le había sugerido a Mario que yo tomara su relevo».

En los inicios, no fue sencillo revertir la situación en la que se encontraba sumido el equipo:

> «Era un momento difícil, con muchas lesiones, pero solo puedo tener palabras de agradecimiento para Nacho y para Mario. Conseguimos salir adelante, y aunque en el segundo split las cosas fueron complicadas, Mario siguió confiando en mí para rehacer el equipo con el draft y crear un nuevo staff. Fue realmente bonito ver el proceso de regeneración del club».

Así, Ultimate Móstoles volvió a ser uno de los favoritos, llegando a su gran momento en la Kings Cup:

> «Hay instantes que no son tan marcados, pero que significan mucho. En el Cupra, el día que ganamos a Aniquiladores y pasamos directamente a la final fue bestial.

Sin duda, el gran momento para Martínez en la Kings League InfoJobs llegó con la final de la Kings Cup:

> «La final de La Rosaleda es un punto y aparte. Fue como ser profesionales, dando la charla en el hotel. Cuando vi a los jugadores ahí, atendiendo las instrucciones, fue increíble. Llegar al estadio con tanta gente animándonos e incluso el momento de salir al césped y ver que toda la afición no paraba de chillar».

¿Cómo juega Álex Martínez?

> «Hay un punto que siempre depende de la tipología y el perfil de jugador que tienes. Nosotros tenemos muchos que viven más de tener el balón que de correr en contra. Dentro de las debilidades y las fortalezas, siempre intentamos evitar errores, no regalar situaciones de partido y ser muy seguros a nivel defensivo. En este formato, no encajar te da alas para poder ganar los partidos, encontrando mejor los espacios y contragolpear. Luego, nos basamos mucho en la asociación, ya que no tenemos grandes jugadores en el uno contra uno. Progresamos a través de la calma y la tranquilidad».

Siete habitual

Portero: Víctor Vidal
Defensas: Dani Martí - Alberto de la Bella
Centrocampistas: Cristian Ubón - Aleix Lage - Joel Bañuls
Delanteros: Ferrán Corominas

Feliu Torrus

Jugador insignia de Ultimate Móstoles

El corazón del león. Feliu Torrus llegó a la competición tras su paso por el fútbol regional:

> «Entrar en la Kings League me supuso un gran cambio, especialmente a nivel de repercusión. Llevaba muchos años jugando a fútbol, pero nunca pensé tener este reconocimiento».

Durante el primer split vistió la camiseta de Saiyans, en una etapa que recuerda con gran cariño:

> «Fue muy bonita. La tendré siempre en el recuerdo, porque la viví al 3.000%. Para mí también fue muy duro a nivel físico, ya que estaba trabajando en un par de sitios y compaginaba la Kings League con el fútbol 11».

Tras superar a Kunisports en los cuartos de final (3-2), el equipo de Feliu consiguió disputar la Final Four en el Camp Nou:

> «Fue una locura. Pude cumplir mi sueño, soy culé y socio desde hace veinticinco años, voy al Camp Nou desde pequeño y siempre me había imaginado poder jugar allí. Tuve la oportunidad de realizarlo y fue brutal».

Al finalizar el primer split, tuvo que cambiar la camiseta de Saiyans por la negra de Ultimate Móstoles:

> «Fue pactado, obviamente. Yo conocía una parte del staff y tal como estaba planteado el mercado sabía que tenía que salir. Así que busqué dónde quería ir. Además, se vinieron dos amigos (Mase y Ferinu) a Móstoles, por lo que me sentí muy cómodo».

Sobre el título ganado en Málaga:

> «Fue parecido a la final del Camp Nou, muy especial. Esta vez todos animaban a Ultimate. Supongo que fue porque Mario tiene muchos seguidores en Andalucía. Me llevaré el honroso recuerdo hasta la tumba: tuve la oportunidad de portar el brazalete de capitán y el honor de levantar el título en Málaga».

Fichas de jugadores

Víctor Vidal

14/11/1999 - Zurdo - **Portero** - 1,80 m

Media **84**

Se sienta en el trono de los guardametas. Saca manos de donde parece imposible y, además, tiene un prodigioso juego de pies.

Reflejos	Vuelo	Duelos	Asociación	Paradas	Anticipación
83	85	82	80	88	87

	Equipo	Partidos jugados	Goles	Asistencias
Primer Split				
Segundo Split				
Kings Cup	Ultimate	7	-10	1
Kingdom Cup	Ultimate	8	-10	1
Tercer Split	Ultimate	14	-21	4

Joel Bañuls

18/09/2001 - Zurdo - **Defensa** - 1,73 m

Media **79**

Puñal absoluto por la izquierda, llega apurando la línea de fondo y sirve balones atrás para sus compañeros sin olvidarse de la faceta defensiva.

Físico	Duelos	Tiro	Defensa	Pase	Habilidad
80	71	78	81	81	74

	Equipo	Partidos jugados	Goles	Asistencias
Primer Split	xBuyer Team	12	-1	1
Segundo Split	Ultimate	12	-2	3
Kings Cup	Ultimate	7	-1	
Kingdom Cup	Ultimate	8		
Tercer Split	Ultimate	14		

Aleix Massegú

23/05/1995 - Diestro - **Defensa** - 1,81 m

Media 76

Lastrado por las lesiones, siempre que forma en la zaga dota de solidez a su equipo. Es un líder, corta y sabe jugar. Es campeón de copa y del primer split.

Físico	Duelos	Tiro	Defensa	Pase	Habilidad
80	67	68	81	76	70

	Equipo	Partidos jugados	Goles	Asistencias
Primer Split	El Barrio	12		
Segundo Split	Ultimate	6	1	2
Kings Cup	Ultimate	7		
Kingdom Cup	Ultimate	8		
Tercer Split	Ultimate	6	1	

Diego de la Mata

03/03/1993 - Zurdo - **Defensa** - 1,76 m

Media 76

Uno de los mejores laterales de la competición. Siempre que DjMaRiiO lo ha llamado, ha rendido a la perfección. Es inteligente en defensa y técnico en ataque; milita en el Formentera de segunda RFEF.

Físico	Duelos	Tiro	Defensa	Pase	Habilidad
77	74	75	78	74	76

	Equipo	Partidos jugados	Goles	Asistencias
Primer Split	Ultimate	1	1	1
Segundo Split	Ultimate	2		
Kings Cup				
Kingdom Cup				
Tercer Split	Ultimate	2		1

Dani Martí

12/10/1982 - Diestro - **Defensa** - 1,81 m

Media **78**

Veterano defensor que suele partir del centro, aunque también puede jugar como lateral. Aporta un plus de experiencia y jerarquía.

Físico	Duelos	Tiro	Defensa	Pase	Habilidad
79	68	78	82	80	74

	Equipo	Partidos jugados	Goles	Asistencias
Primer Split				
Segundo Split	Ultimate	8		
Kings Cup	Ultimate	7		
Kingdom Cup	Ultimate	8	1	
Tercer Split	Ultimate	14	2	

Eloy Pizarro

18/09/2002 - Diestro - **Defensa** - 1,86 m

Media **74**

Sus estadísticas asustaban, y sus prestaciones son notables. Tiene mucho poderío en las piernas para aguantar en inferioridad en los dados.

Físico	Duelos	Tiro	Defensa	Pase	Habilidad
72	66	74	76	77	73

	Equipo	Partidos jugados	Goles	Asistencias
Primer Split				
Segundo Split				
Kings Cup	Ultimate	7		
Kingdom Cup	Ultimate	8	1	
Tercer Split	Ultimate	7	1	

Alberto de la Bella

02/12/1985 - Zurdo - **Defensa** - 1,82 m

Media **88**

Defensor de habilidosa pierna zurda, se suma al ataque con asiduidad para golpear desde lejos. Es contundente en el área propia y ha jugado 160 partidos en Primera División.

Físico	Duelos	Tiro	Defensa	Pase	Habilidad
88	86	89	85	86	88

	Equipo	Partidos jugados	Goles	Asistencias
Primer Split				
Segundo Split				
Kings Cup				
Kingdom Cup				
Tercer Split	Ultimate	13	3	1

Martí Garriga

12/02/1998 - Diestro - **Defensa** - 1,80 m

Media **76**

Defensor que apareció en la competición para jugar el último encuentro de la fase regular del tercer split. Habitual de Segunda Catalana en el fútbol regional.

Físico	Duelos	Tiro	Defensa	Pase	Habilidad
77	74	75	78	74	76

	Equipo	Partidos jugados	Goles	Asistencias
Primer Split				
Segundo Split				
Kings Cup				
Kingdom Cup				
Tercer Split	Ultimate	1		

Feliu Torrus

11/12/1993 - Diestro - **Centrocampista** - 1,65 m

Media **81**

No se cansa de correr ni de «recoger fresas». Abarca todo el campo con su despliegue físico y siempre deja muestras de gran calidad.

Físico	Duelos	Tiro	Defensa	Pase	Habilidad
89	80	78	86	81	75

	Equipo	Partidos jugados	Goles	Asistencias
Primer Split	Saiyans	14	4	1
Segundo Split	Ultimate	12	5	2
Kings Cup	Ultimate	7	3	
Kingdom Cup	Ultimate	8	4	
Tercer Split	Ultimate	14	3	4

Cristian Ubón

23/04/2001 - Diestro - **Centrocampista** - 1,76 m

Media **83**

Mediático como pocos, se salió en el primer split, del que fue MVP. Tiene gol, regate, último pase y gana duelos, todo lo que se le puede pedir a un jugador de ataque.

Físico	Duelos	Tiro	Defensa	Pase	Habilidad
80	82	90	68	88	85

	Equipo	Partidos jugados	Goles	Asistencias
Primer Split	El Barrio	14	17	5
Segundo Split	Ultimate	12	16	
Kings Cup	Ultimate	7	6	2
Kingdom Cup	Ultimate	8	2	
Tercer Split	Ultimate	14	12	6

Aleix Lage

26/08/1991 - Diestro - **Centrocampista** - 1,80 m

Media **77**

Si su equipo le encuentra, marca el tempo del partido. De los centrocampistas más puros de la competición; también tiene llegada al área rival.

Físico	Duelos	Tiro	Defensa	Pase	Habilidad
77	74	78	76	80	76

	Equipo	Partidos jugados	Goles	Asistencias
Primer Split	Ultimate	12	4	2
Segundo Split	Saiyans	13	7	1
Kings Cup	Ultimate	7	4	
Kingdom Cup	Ultimate	8	1	
Tercer Split	Ultimate	14	3	

Aleix Martí

19/10/2004 - Zurdo - **Delantero** - 1,73 m

Media **78**

Delantero que normalmente juega por fuera para aprovechar su explosividad superando a los rivales. Es habilidoso y rápido en el uno contra uno.

Físico	Duelos	Tiro	Defensa	Pase	Habilidad
76	80	79	70	77	78

	Equipo	Partidos jugados	Goles	Asistencias
Primer Split				
Segundo Split				
Kings Cup	Ultimate	6	1	
Kingdom Cup	Ultimate	8	2	
Tercer Split	Ultimate	14	4	

Fernando Llorente

26/02/1985 - Diestro - **Delantero** - 1,95 m

Media **85**

Debió aparecer antes en la competición, pero al final se enfundó la camiseta de los leones de oro para el play-off del tercer split. Campeón del mundo en 2010 con España, ha marcado más de cien goles entre LaLiga, la Premier League y la Serie A.

Físico	Duelos	Tiro	Defensa	Pase	Habilidad
91	89	83	75	82	81

	Equipo	Partidos jugados	Goles	Asistencias
Primer Split				
Segundo Split				
Kings Cup				
Kingdom Cup				
Tercer Split	Ultimate	3		

Kilian Honorato

22/04/1999 - Diestro - **Delantero** - 1,82 m

Media **72**

Perspicaz delantero de buenas maneras dentro y fuera del área. Tuvo en sus botas el segundo campeonato para El Barrio.

Físico	Duelos	Tiro	Defensa	Pase	Habilidad
77	68	74	65	72	70

	Equipo	Partidos jugados	Goles	Asistencias
Primer Split	Porcinos	12	2	1
Segundo Split	El Barrio	9		
Kings Cup	Ultimate	6		
Kingdom Cup	Ultimate	8	2	
Tercer Split	Ultimate	13	4	

Ferran Corominas

05/01/1983 - Diestro - **Delantero** - 1,71 m

Media **86**

Escurridizo delantero que siempre sabe moverse en aguas revueltas y que dentro del área siempre aparece. Lleva 241 partidos en Primera.

Físico	Duelos	Tiro	Defensa	Pase	Habilidad
83	84	90	76	88	90

	Equipo	Partidos jugados	Goles	Asistencias
Primer Split	Kunisports	12	8	3
Segundo Split	Kunisports	12	17	1
Kings Cup	Ultimate	7	5	
Kingdom Cup	Ultimate	8	2	2
Tercer Split	Ultimate	14	6	

Alberto Bueno

20/03/1988 - Diestro - **Delantero** - 1,78 m

Media **87**

Puede actuar como medio o delantero, pero siempre es referencia del equipo. Tiene gol y regala asistencias en bandeja de plata. Una grave lesión en el tercer split lo dejó en el dique seco. Ha jugado 164 partidos en primera y ha marcado 36 goles.

Físico	Duelos	Tiro	Defensa	Pase	Habilidad
80	84	94	75	89	94

	Equipo	Partidos jugados	Goles	Asistencias
Primer Split	1K	11	13	5
Segundo Split	Porcinos	11	12	6
Kings Cup	Ultimate	7	9	1
Kingdom Cup	Ultimate	8	3	2
Tercer Split	Ultimate	2		

Jugadores históricos

Sergio García

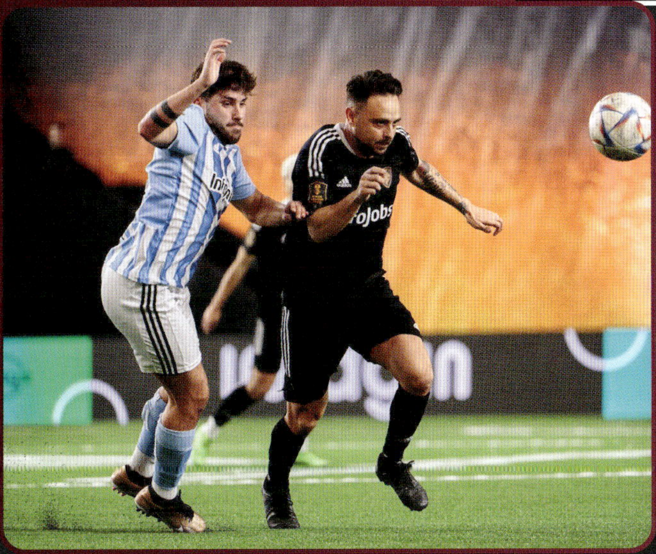

Tuvo un corto recorrido en Móstoles. Jugó únicamente seis partidos del primer split, pero dejó siempre destellos de su calidad.

- ***Real Zaragoza***
- ***Real Betis Balompié***
- ***Real Club Deportivo Espanyol***

Rubén de la Red

Arrancó el primer split como futbolista mostoleño, pero solo le vimos en el campo en tres partidos (dos triunfos y una derrota).

- ***Real Madrid Club de Fútbol***
- ***Getafe Club de Fútbol***

XBUYER TEAM

Equipaciones Split 2 Split 3

Escudo

Javier Ruiz / Eric Ruiz, «xBuyer» y «MiniBuyer»
Presidente 09/09/1996 - 15/01/2002 - Gavà (Barcelona)

Víctor González	**Entrenador**
Isart Graner	**2.º entrenador**
Jose María Cardeñoso	**Entrenador de porteros**
Raúl Dorado	**Delegado**
Román Ruiz	**Preparador físico**
Carlos Vega	**Fisioterapeuta**
Juanjo Capdevila	***Team manager***
Adrià Martínez	***Community manager***
Meritxell Milian	**Fotógrafa (*Team coach*)**
Arnau Rubio y Joel González	**Fotógrafo y videógrafo**

Fase regular

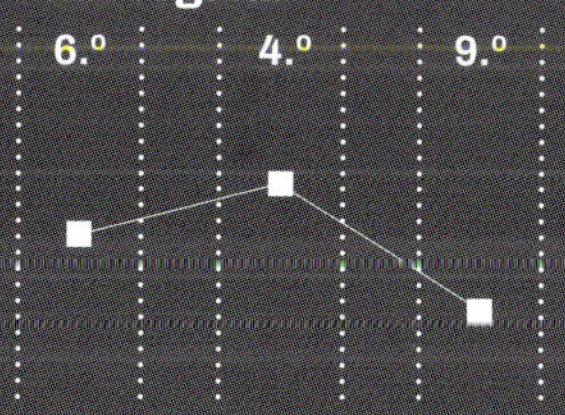

Play-offs

4.os	CAMP	4.os

@xbuyerteam

@xBuyer_Team

@xbuyerteam

Máximo goleador
Roger Carbó
35 GOLES

Más partidos
Adrià «Capi» Gutiérrez
37 PARTIDOS

Entrenador
Víctor González (actual)

xBuyer y MiniBuyer

Presidentes de xBuyer Team

Los hermanos más macarras de la competición, Javi y Eric Ruiz, conocidos popularmente como los Buyer, siempre han tenido claras sus ideas:

> **«Nosotros partíamos con la ventaja de tener ya un equipo de fútbol sala. Entonces, cuando nos propusieron entrar en la competición, fue una manera de seguir expandiéndonos e incorporar los equipos de fútbol 7 masculino y femenino. La idea era conseguir lo mismo que con el fútbol sala: ganar».**

Pese al buen draft que hicieron, su equipo no pudo estar presente en el Camp Nou:

> **«La Final Four fue una auténtica locura, la mejor por el escenario. Por desgracia, tuvimos que vivirla desde fuera y en el fondo estábamos un poco tristes».**

Tras un primer split algo decepcionante, los Buyer actuaron perfectamente en el mercado:

> **«La verdad es que le pillamos mucho cariño a todos los jugadores, pero entendimos que era un juego. Lo dejamos en las manos de Víctor, el míster, que en esto es el mejor. Sabíamos que algunos igual no venían con la mejor cara o no estaban del todo animados, por el motivo que fuera. Pero nuestra idea era incorporar a los mejores jugadores para ganar títulos. Con esto, el club se ha fortalecido y ha crecido muchísimo. Teníamos además solo a dos personas en el staff, al margen del entrenador. Ahora hay psicólogo, fisioterapeuta, preparador físico… Se nos ha ido de las manos [risas]».**

Gracias a su buena gestión, al final del tercer split, el club ya sumaba dos títulos oficiales en sus vitrinas:

> **«Ganar la Kings League en el Metropolitano fue bestial. Nos es complicado pensar otro momento que esté a la altura de este, por la cantidad de gente que estaba viéndonos y por cómo se desarrolló el partido. Obviamente, cuando ganamos la Queens League Oysho en el WiZink fue igual de especial».**

Tras las victorias, también ha habido momentos para el recuerdo:

> **«Al día siguiente de ganar la Kings League, obviamente volvimos a salir de fiesta. El problema llegó al volver al hotel, cuando Pablo Beguer no podía entrar a la habitación y tuvo que coger una escalera de una obra de al lado para escalar un piso. Un obrero lo tuvo que ayudar para meterse por la ventana».**

Palabras para la afición:

> **«Son muy simples: ¡a tope con la Buyerneta! Sabemos lo que es ganar la Kings League y la Queens League. Queremos seguir sumando títulos de esta competición. Que nadie se baje de la Buyerneta, que cuando parece que puede aflojar es cuando coge más velocidad».**

Víctor González

Entrenador de xBuyer Team

El trabajo de Víctor González en xBuyer Team empezó deprisa y corriendo:

> «Llegué muy cerca del draft; concretamente, el 23 de diciembre de 2022… Tengo la fecha grabada. Los presis contactaron conmigo y rápidamente nos pusimos manos a la obra. Fue muy rápido todo, porque nos adaptamos los unos a los otros».

Desde el inicio, el equipo de Víctor González siempre se ha caracterizado por ser muy coral:

> «Nuestra idea es no depender de ningún jugador, sino que el sistema y el trabajo táctico nos acerquen al triunfo. Me gusta ser un equipo vertical, ir siempre hacia delante y atacar. Después intentamos trabajar mucho los fundamentos defensivos, tanto las ayudas como las coberturas, y todos los jugadores están dispuestos a sacrificarse».

Tras un primer split complicado, Víctor lideró la revolución del equipo junto a los Buyer y acertó especialmente con las incorporaciones de Roger Carbó y Pablo Beguer. Gracias a los aciertos en los fichajes, el equipo de los macarras consiguió coronarse en Madrid, durante la Final Four del segundo split:

> «La experiencia en el Metropolitano fue brutal. La mejor de mi vida como entrenador. Poder estar delante de tanta gente, sobre todo en la final, siendo de noche… Me creía que estaba en un partido de la Champions League. Encima nos llevamos el triunfo, así que es un recuerdo imborrable que me quedará siempre».

Pese la repercusión vivida, Víctor se ha mantenido siempre sobrio:

> «Intento aislarme, aunque me haga ilusión, pero prefiero no involucrarme ni elaborando una marca personal ni estando presente en redes. Me gusta el rol que tengo, paso relativamente desapercibido en ese aspecto, y me centro en el juego, que es lo que realmente me apasiona».

¿Cómo juega Víctor González?

> «Nosotros somos un equipo que quiere tener el balón. No nos gustan excesivamente los centros o que se pierda la ocasión con poca posibilidad de ser resolutiva. Preferimos ser pacientes para generar una buena oportunidad. Esto lo logramos con una ocupación de espacios racional, con movilidad arriba, seguridad de los centrales, gente a pierna cambiada… Buscamos dobladas o paredes, intentando atraer al rival y atacarle a la espalda».

Siete habitual

Portero: Alex Romero
Defensas: Dani Pérez - Adri Gimeno
Centrocampistas: Pablo Beguer - Fernando Velillas - Roger Carbó
Delanteros: Juanma González

Roger Carbó

Jugador insignia de xBuyer Team

El primer Corona de Oro, Roger Carbó, no estaba pasando un buen momento cuando entró en la Kings League:

> «Para mí ha supuesto una segunda vida. Estaba un poco perdido antes de entrar. Con la Kings League he descubierto una vocación, tanto a nivel de fútbol como de internet. Así que esta competición me ha cambiado la vida».

En un inicio fue drafteado por Saiyans:

> «Mi primera etapa con ellos fue muy especial. Viví una época de cambios, muy nueva para mí. Conocí a muchas personas interesantes, a las que hoy día puedo llamar amigos. Seguramente se trate de la mejor etapa de mi vida».

En la misma línea, añade:

> «Tener a TheGrefg como presidente fue un auténtico honor. Ya solo poder tener contacto con él fue espectacular, ni siquiera me lo podía plantear un tiempo atrás».

Carbó no quería salir de Saiyans durante el primer mercato, pero la fuga de estrellas lo obligó a cambiar de equipo:

> «La verdad, al principio fue un palo. No me quería ir de Saiyans porque eran los que me habían dado la oportunidad. Sin embargo, salió bien. Ganamos el split con xBuyer Team y, visto con perspectiva, estoy muy contento: he podido conocer más compañeros que se han convertido en amigos».

Su buen hacer con Saiyans y xBuyer Team lo llevó a ser galardonado como el mejor jugador de 2023:

> «Ganar la Corona de Oro fue muy especial. Estaba compitiendo con jugadores que incluso habían sido profesionales. Es surrealista haberles ganado y creo que todavía no soy consciente del todo. Ni yo me lo podía creer. Cuando miro las imágenes se me escapa la sonrisa. Estoy muy orgulloso y satisfecho».

Fichas de jugadores

Capi

10/07/2004 - Diestro - **Portero** - 1,85 m

Media **80**

Portero histórico de xBuyer Team. Es toda una perla; el guardameta titular más joven de la Kings. Ágil bajo palos, achica rápido y juega bien con los pies.

Reflejos	Vuelo	Duelos	Asociación	Paradas	Anticipación
82	75	81	73	83	81

	Equipo	Partidos jugados	Goles	Asistencias
Primer Split	xBuyer Team	12	-28	1
Segundo Split	xBuyer Team	13	-29	
Kings Cup	xBuyer Team	5	-14	
Kingdom Cup	xBuyer Team	6	-10	2
Tercer Split	xBuyer Team	7	-13	

Alex Romero

02/07/1998 - Zurdo - **Portero** - 1,87 m

Media **69**

Portero que ha ido de menos a más en la competición. Muestra buenos reflejos y sabe incorporarse en el escalado para golpear con la zurda.

Reflejos	Vuelo	Duelos	Asociación	Paradas	Anticipación
67	70	68	61	73	70

	Equipo	Partidos jugados	Goles	Asistencias
Primer Split				
Segundo Split				
Kings Cup	xBuyer Team	5		
Kingdom Cup	xBuyer Team	4	-4	1
Tercer Split	xBuyer Team	10	-23	

Pau Llastarry

08/06/2001 - Zurdo - **Defensa** - 1,75 m

Media **74**

Defensor expeditivo que puede sacar la línea defensiva y corregir con espacios. Es zurdo y esto le permite jugar por el perfil izquierdo de la zaga.

Físico	Duelos	Tiro	Defensa	Pase	Habilidad
75	68	71	77	78	70

	Equipo	Partidos jugados	Goles	Asistencias
Primer Split				
Segundo Split				
Kings Cup	xBuyer Team	5		
Kingdom Cup	xBuyer Team	7		
Tercer Split	xBuyer Team	9		

Pere Martínez

24/07/1991 - Diestro - **Defensa** - 1,78 m

Media **76**

Fue una de las apuestas de los Buyer a mediados del tercer split para revertir una mala dinámica. Puede jugar tanto por la derecha como en el eje de la zaga. Ha disputado 36 partidos en Segunda División.

Físico	Duelos	Tiro	Defensa	Pase	Habilidad
80	72	74	77	75	74

	Equipo	Partidos jugados	Goles	Asistencias
Primer Split				
Segundo Split				
Kings Cup				
Kingdom Cup				
Tercer Split	xBuyer Team	8		

Victor Torres

17/01/2003 - Zurdo - **Defensa** - 1,90 m

Media **64**

Defensor de gran envergadura. Destacó por su papel en el primer Saiyans, en el que se mostró solvente y con carácter.

Físico	Duelos	Tiro	Defensa	Pase	Habilidad
66	60	64	68	61	60

	Equipo	Partidos jugados	Goles	Asistencias
Primer Split	Saiyans	13		2
Segundo Split	PIO	12		2
Kings Cup	PIO	5		
Kingdom Cup	PIO	5		
Tercer Split	xBuyer Team	8		

Roger Carbó

04/06/1998 - Zurdo - **Centrocampista** - 1,73 m

Media **83**

Fue el robo del primer draft y corona de oro del primer año de competición. Es poderoso en el choque, compite como el que más y no se cansa de marcar y asistir.

Físico	Duelos	Tiro	Defensa	Pase	Habilidad
81	83	90	76	80	84

	Equipo	Partidos jugados	Goles	Asistencias
Primer Split	Saiyans	13	13	1
Segundo Split	xBuyer Team	14	23	3
Kings Cup	xBuyer Team	5	9	2
Kingdom Cup	xBuyer Team	7	10	
Tercer Split	xBuyer Team	8	7	5

Pablo Beguer

30/01/1995 - Zurdo - **Centrocampista** - 1,72 m

Media **82**

La samba personificada. Juega y se divierte. Regatea y filigranea como el que más. Hace mejor a sus compañeros y también defiende con pundonor.

Físico	Duelos	Tiro	Defensa	Pase	Habilidad
80	84	87	68	86	86

	Equipo	Partidos jugados	Goles	Asistencias
Primer Split	El Barrio	14	7	7
Segundo Split	xBuyer Team	14	8	9
Kings Cup	xBuyer Team	5	3	1
Kingdom Cup	xBuyer Team	7	1	4
Tercer Split	xBuyer Team	12	8	10

Dani Pérez

11/03/1997 - Diestro - **Centrocampista** - 1,74 m

Media **73**

Un 4 x 4 en toda regla. Ataca y defiende como un toro. Nadie le puede superar en las situaciones de dados, choca y tumba al rival.

Físico	Duelos	Tiro	Defensa	Pase	Habilidad
78	66	74	78	71	68

	Equipo	Partidos jugados	Goles	Asistencias
Primer Split	Rayo BCN	11		1
Segundo Split	xBuyer Team	14		
Kings Cup	xBuyer Team	5		1
Kingdom Cup	xBuyer Team	8		
Tercer Split	xBuyer Team	13	1	

Albert Dorca

23/12/1982 - Diestro - **Centrocampista** - 1,82 m

Media **73**

Centrocampista de buena calidad y que no se amedrenta al meter la pierna. Va fuerte a los choques y es ganador de duelos. Mito de la Segunda División, competición en la que disputó 418 partidos.

Físico	Duelos	Tiro	Defensa	Pase	Habilidad
76	71	74	73	72	73

	Equipo	Partidos jugados	Goles	Asistencias
Primer Split				
Segundo Split				
Kings Cup				
Kingdom Cup				
Tercer Split	xBuyer Team	3		

Adrià Gimeno

25/03/1995 - Diestro - **Centrocampista** - 1,77 m

Media **80**

Jerarca de la defensa campeona del segundo split. Se suma al centro del campo, con galones para mover el esférico y disparar a puerta.

Físico	Duelos	Tiro	Defensa	Pase	Habilidad
78	76	79	77	85	84

	Equipo	Partidos jugados	Goles	Asistencias
Primer Split				
Segundo Split	xBuyer Team	14	3	2
Kings Cup	xBuyer Team	5	1	
Kingdom Cup	xBuyer Team	7		1
Tercer Split	xBuyer Team	4		

Fuad El Amrani

30/11/2001 - Diestro - **Centrocampista** - 1,77 m

Media **76**

Despuntó con un buen primer split, pero la rompió en su debut en el tercero con un hat-trick. Derrocha calidad técnica y le gusta partir desde la izquierda para golpear con diestra.

Físico	Duelos	Tiro	Defensa	Pase	Habilidad
70	76	78	76	77	78

	Equipo	Partidos jugados	Goles	Asistencias
Primer Split	xBuyer Team	7	4	1
Segundo Split				
Kings Cup				
Kingdom Cup				
Tercer Split	xBuyer Team	5	6	

Juanma González

04/10/1992 - Diestro - **Delantero** - 1,90 m

Media **80**

«¿Quién es Juanma?». Pues es un delantero que maravilló con Ultimate Móstoles, firmando además un hat-trick en su debut. Puede jugar como referencia o caído a la derecha, siempre con peligro.

Físico	Duelos	Tiro	Defensa	Pase	Habilidad
81	78	84	70	78	83

	Equipo	Partidos jugados	Goles	Asistencias
Primer Split	Ultimate	12	11	
Segundo Split	xBuyer Team	8	3	2
Kings Cup	xBuyer Team	5	6	
Kingdom Cup	xBuyer Team	2		
Tercer Split	xBuyer Team	11	5	1

Roger de la Villa

25/04/1996 - Diestro - **Delantero** - 1,74 m

Media **70**

Uno de los pocos jugadores que sabe lo que es jugar en la Kings League InfoJobs y dirigir desde los banquillos. Pasó por Jijantes y formó parte del cuerpo técnico tras una grave lesión hasta que lo repescó xBuyer. Destaca por su calidad y sacrificio.

Físico	Duelos	Tiro	Defensa	Pase	Habilidad
70	71	72	68	68	70

	Equipo	Partidos jugados	Goles	Asistencias
Primer Split	Jijantes	5		
Segundo Split				
Kings Cup				
Kingdom Cup				
Tercer Split	xBuyer Team	5		

Iker Alcarazo

16/07/2002 - Diestro - **Delantero** - 1,91 m

Media **72**

Delantero espigado de gran altura. Tiene condiciones para seguir mejorando y progresando en la competición. Si engatilla, tiene gol.

Físico	Duelos	Tiro	Defensa	Pase	Habilidad
75	73	73	68	67	69

	Equipo	Partidos jugados	Goles	Asistencias
Primer Split				
Segundo Split				
Kings Cup				
Kingdom Cup	xBuyer Team	5		
Tercer Split	xBuyer Team	12	4	

Antoni Hernández

10/06/1997 - Diestro - **Delantero** - 1,80 m

Media **80**

Extremo de gran desequilibrio, al que le gusta jugar a pierna cambiada. Prefiere recibir al pie para encarar a su marca y disparar.

Físico	Duelos	Tiro	Defensa	Pase	Habilidad
82	79	81	72	81	83

	Equipo	Partidos jugados	Goles	Asistencias
Primer Split				
Segundo Split	xBuyer Team	6	1	
Kings Cup	xBuyer Team	5		
Kingdom Cup	xBuyer Team	7	1	
Tercer Split	xBuyer Team	6		

Iván Dionisio

09/10/1988 - Diestro - **Delantero** - 1,80 m

Media **76**

Veterano delantero que se incorporó a la competición en plena plaga de lesiones de xBuyer Team. Se mueve bien dentro del área.

Físico	Duelos	Tiro	Defensa	Pase	Habilidad
70	76	78	76	77	78

	Equipo	Partidos jugados	Goles	Asistencias
Primer Split				
Segundo Split				
Kings Cup				
Kingdom Cup				
Tercer Split	xBuyer Team	4		

Fernando Velillas

21/07/1986 - Diestro - **Delantero** - 1,76 m

Media **80**

Delantero de gran movilidad. Le gusta bajar al centro del campo para recibir y sacar a los centrales de zona. Si tiene opción de golpear, no se lo piensa.

Físico	Duelos	Tiro	Defensa	Pase	Habilidad
80	81	83	74	80	84

	Equipo	Partidos jugados	Goles	Asistencias
Primer Split				
Segundo Split	xBuyer Team	14	6	3
Kings Cup	xBuyer Team	5	2	
Kingdom Cup	xBuyer Team	7	8	2
Tercer Split	xBuyer Team	13	7	4

Jugadores históricos

Carlos Castro

Referencia ofensiva de los macarras durante el primer split, disputó las doce fechas hasta los octavos. Anotó siete tantos con tres dobletes.

- Real Sporting de Gijón
- Real Club Deportivo Mallorca
- Club Deportivo Lugo

Fabián Orellana

El chileno disputó tres encuentros en el primer split con un bagaje de una victoria y dos derrotas.

- Real Club Celta de Vigo
- Granada Club de Fútbol
- Valencia Club de Fútbol

InfoJobs
InfoJobs

DATOS SPLIT 3

PJ	xG	GF	xG contra	GC	TIR	TIR puerta	TIR %	TIR palo	COR
12	32,09	39	42,14	46	211	123	58,29	6	38
12	38,88	48	34,06	40	206	126	61,16	6	34
12	33,97	36	31,32	44	189	107	56,61	7	48
13	41,96	35	42,48	42	208	117	56,25	11	43
12	28,02	31	30,68	35	170	94	55,29	11	49
13	43,7	38	33,12	32	241	148	61,41	7	49
11	31,52	31	33,49	47	175	111	63,43	10	33
13	37,33	48	43,15	51	255	154	60,39	7	58
11	33,23	27	32,95	44	186	107	57,53	7	31
14	39,94	51	41,66	37	211	128	60,66	5	47
14	45,08	53	43,68	29	242	154	63,63	11	42
13	38,5	53	35,26	43	217	129	59,44	7	51

	REG	FAL	PAS total	PAS éxito	PAS clave	POS	FDJ	AMA	ROJ h
	142	70	2121	1831	18	47,2	7	5	1
	164	59	2442	2048	20	49,82	17	3	1
	219	61	2730	2403	13	54,56	8	3	0
	164	58	2542	2132	9	47,97	3	5	1
	118	82	2638	2132	16	54,55	14	6	0
	153	73	2550	2140	22	49,31	13	4	1
	97	56	2254	1948	19	47,33	8	7	0
	142	73	3031	2703	24	55,05	12	10	1
	163	51	2206	1786	7	51,14	9	3	1
	228	80	2783	2421	8	47,95	13	7	0
	177	73	2828	2341	12	48,92	17	4	0
	166	78	2489	2119	19	46,04	8	6	1

De izquierda a derecha: Partidos jugados, Goles esperados, Goles a favor, Goles esperados en contra, Goles en contra, Tiros, Tiros a puerta, Porcentaje de tiros a puerta, Tiros al palo, Corners, Regates, Faltas, Pases totales, Pases con éxito, Pases clave, Porcentaje de posesión, Fueras de juego, Amarillas, Rojas

Goles:

1. **Dani Liñares** - 21 goles
2. **Marc Granero** - 17 goles
3. **Cristian Ubón** - 12 goles
4. **Pablo Hernández, Javi Espinosa, Nadir Louah, Oscar Coll, Marc Pelaz, Edgar Álvaro** - 11 goles

Tiros:

1. **Marc Granero** - 74 tiros
2. **Jordi Gómez** - 60 tiros
3. **Nadir Louah** - 58 tiros
4. **Dani Liñares** - 54 tiros
5. **Pablo Hernández** - 53 tiros

Tiros a puerta:

1. **Marc Granero** - 44 tiros a puerta
2. **Dani Liñares** - 36 tiros a puerta
3. **Nadir Louah, Edgar Álvaro** - 34 tiros a puerta
4. **Jordi Gómez** - 33 tiros a puerta

Asistencias:

1. **Pablo Beguer** - 10 asistencias
2. **Cristian Ubón** - 6 asistencias
3. **Nadir Louah, Pablo Hernández, Roger Carbó** - 5 asistencias

Regates:

1. **Gilles Vidal** - 54 regates
2. **Dani Liñares** - 40 regates
3. **Pablo Beguer** - 34 regates
4. **Marc Granero** - 33 regates
5. **Alejandro Ortega** - 32 regates

Paradas:

1. **Víctor Vidal** - 103 paradas
2. **Alberto Arnalot** - 101 paradas
3. **José Segovia** - 96 paradas
4. **Dani Pérez** - 84 paradas
5. **Jorge Ibáñez** - 77 paradas

Prime MVP Partido:

1. **Alberto Arnalot** - 5 MVP
2. **Víctor Vidal** - 4 MVP
3. **Alejandro Ortega, Jero Martín, José Segovia, Marc Pelaz** - 3 MVP

Campeones del tercer split - Saiyans

Fue uno de los equipos más cuestionados antes del arranque del tercer split, pero sus actuaciones acallaron a todos los críticos. El desempeño de Saiyans estuvo marcado por la unidad del grupo, sobreponiéndose siempre a los momentos difíciles y llevando al equipo a alzar su primer título sobre el césped del WiZink Center de Madrid.

«A nivel de juego, fuimos de menos a más. **Eso sí, en líneas generales hicimos un gran split, yendo siempre entre los cuatro primeros, y quedándonos a un solo gol de la clasificación directa para la Final Four**. En cualquier caso, tampoco le hacemos mucho caso a las estadísticas... Nos preocupamos mucho más de las emociones», reconoce el entrenador Dani Romo.

En la misma línea, el capitán Martín Mantovani argumentó: «Fue un split muy difícil y duro, pero conseguimos ser muy constantes durante todo el torneo y eso nos llevó a mantenernos fuertes en todos los partidos. **Es para estar muy contento por el resultado final, pero más por la buena piña que se formó como grupo, tanto por parte de los jugadores como del staff**».

«Llegar al WiZink fue un gran premio. Durante el principio de la temporada, todo el mundo nos tenía como un equipo para luchar, como mucho, por el play-off. Creo que hicimos una fase regular casi perfecta, quedando a un gol de meternos directamente en la Final Four. Después, en el play-off, todo se decidió con el gol de Mantovani y las paradas de Dani Pérez, que

fueron vitales», argumenta el que fue máximo goleador del split, Dani Liñares.

Tras vencer a Porcinos para acceder a la Final Four, a Dani Liñares se le abría la primera oportunidad de conquistar un título: «Eran mis primeras finales, con lo que eso supone. No es solo el hecho de poder jugar partidos en el WiZink, ante tanta gente, sino el poder convivir con mis compañeros durante dos días. La unión y la cohesión de Saiyans es la clave del éxito. Desde el primer minuto, a las siete de la mañana en la estación de trenes de Sants en Barcelona, hasta cuando levantamos la copa estuvimos siempre juntos».

La semifinal ante Jijantes fue muy disputada, según Dani Romo, el entrenador. «La experiencia de mis jugadores más contrastados, como Martín, Augusto y David nos aportó un plus. Además, cambiamos algunos comportamientos respecto al partido de fase regular, en el que perdimos 3-2, y pasamos a estar siempre en bloque alto para que ellos solo pudieran golpear en largo. Nos generaron ocasiones así, pero en el cómputo general fuimos algo superiores contra un gran equipo, que hizo una temporada bestial.

Antes de la final, Dani Liñares necesitó a sus compañeros: «Entré muy nervioso, pero Augusto, David y Mantovani me ayudaron a tranquilizarme y así poder dar a un paso adelante. En los momentos decisivos, estuve muy acertado y pude marcar dos goles y dar la asistencia final. Pero fue gracias a ellos».

En el encuentro definitivo, Ultimate Móstoles se puso tres goles por delante: «Justo después del 3-0, metemos el 3-1 con un golazo de Dani Liñares. Desde el principio, el equipo creyó que podía ganar y es en los momentos complicados cuando aparece la fuerza del grupo. Todos dieron un paso adelante e hicimos el mejor fútbol de todo el split. Estaba convencido de que nos llegaría y solo puedo agradecérselo a los chicos por lo que me han soportado y lo que les queda por aguantar... Al día siguiente ya estaba pensando en la Kings World Cup; el éxito es efímero».

Tras confirmarse como campeones, Dani Liñares fue premiado como el máximo goleador del split, aunque su discurso siguió siendo igual de humilde: **«No he sido el más determinante... Víctor Vidal también lo fue para Móstoles y en nuestro caso diría que Mantovani, Augusto y David lo fueron más que yo**. Obviamente, mis goles resaltan, pero ellos son los que nos han hecho aguantar en todo momento, sobre todo cuando estábamos 3-0 abajo. Igual que Bomby [Dani Romo], Narcís y Alfaya, quienes no nos dejaron de animar y ayudar».

MERCATO

El mercato agitó todos los equipos de la Kings League InfoJobs. Durante el mes de abril de 2023, las direcciones deportivas de todos los clubes tuvieron que arremangarse y ponerse manos a la obra para conseguir un equipo de ensueño con los diferentes movimientos de mercado y fichajes.

Para diseñar la gestión del mercado, se apostó por un modelo de cláusulas de rescisión y, en este caso, se gestionaron de la siguiente forma:

- Todos los equipos tuvieron que repartir trescientos millones para proteger a sus jugadores.
- A su vez, tenían cien millones para comprar a los jugadores que desearan.
- Si un club desembolsaba la cantidad establecida como cláusula de rescisión, se llevaba al jugador, estuviera este de acuerdo con el traspaso o no.
- Una vez completada la negociación, todos los fichajes se oficializaban durante los diferentes programas en directo.

MERCATO 1

La noche del 4 de abril de 2023 fue, sin duda, la primera de muchas otras mágicas que estarían por venir. En esta, xBuyer Team completó un traspaso que sería histórico. Pablo Beguer, que llegaba tras ser campeón con El Barrio, abandonaba el conjunto de Adri Contreras para convertirse en un macarra más a cambio de 72 millones de euros.

En aquel mismo programa nacieron los bautizados como «pactous»: Jacobo firmó por Porcinos a cambio de Kilian, que se fue a El Barrio; Feliu se marchó a Ultimate Móstoles por Aleix Lage, que emprendió el camino contrario, rumbo a Saiyans.

El mercato avanzó y los equipos empezaron a mover sus plantillas para reforzarse. El Barrio fue el equipo que más dinero gastó (273 millones), firmando un trío para soñar con Gilles Vidal (de Aniquiladores, por 90 millones), Pau Fer (de PIO, por la misma cantidad) y Torrentbó (de Kunisports, por 83).

La mala fortuna del mercato se la llevó Kunisports, que invirtió 110 millones por Campu (Saiyans) y Noel (Los Troncos), ambos lesionados del ligamento cruzado anterior durante el siguiente split.

Durante el segundo draft, en septiembre de 2023, justo antes del inicio del segundo split, se permitió a los equipos realizar traspasos por las rondas de draft. Pese a ello, ningún equipo se animó a mover a sus plantillas.

ALTAS	BAJAS	
- **Feliu** (Saiyans FC) - **Ubón** (El Barrio) - **Gabriel Cichero** (Porcinos FC) - **Gio Ferinu** (Saiyans FC) - **Mase** (El Barrio) - **Pol Lechuga** (Los Troncos FC) - **Sergio Sánchez** (Los Troncos FC) - **Joel Banyuls** (xBuyer Team)	- **Iu Morral** (Los Troncos FC) - **Aleix** (Saiyans FC) - **Ian** (Los Troncos FC) - **Nacho Berché** (Rayo de Barcelona) - **Guti** (Porcinos FC) - **Lucca Ribeiro** (Saiyans FC) - **Zea Steven** (Rayo de Barcelona) - **Iker López** (El Barrio) - **Llur** (Saiyans FC)	**Ultimate Móstoles**
- **Jacobo** (El Barrio) - **Guti** (Ultimate Móstoles) - **Dorkis** (Los Troncos FC) - **Noel** (Jijantes FC) - **Cristian Valle** (Saiyans FC) - **David Soriano** (Los Troncos FC) - **Ruggeri** (Kunisports) - **Briones** (Saiyans FC) - **Temo** (Saiyans FC) - **Nacho Jordá** (Kunisports)	- **Kilian Honorato** (El Barrio) - **David López** (Jijantes FC) - **Sergi Aguilar** (El Barrio) - **Cichero** (Ultimate Móstoles) - **Raúl Lao** (Los Troncos FC) - **Uri Pons** (Jijantes FC) - **José Segovia** (Jijantes FC) - **Toti** (Los Troncos FC) - **José Blanco** (Rayo de Barcelona)	**Porcinos FC**
- **Iu Morral** (Ultimate Móstoles) - **Ian** (Ultimate Móstoles) - **Pelaz** (Rayo de Barcelona) - **Lao** (Porcinos FC) - **Günter** (1K FC) - **Goran** (xBuyer Team) - **Sep** (xBuyer Team) - **Adri Biboum** (Rayo de Barcelona) - **Toti** (Porcinos FC) - **Sorroche** (1K FC)	- **Noel** (Kunisports) - **Edgar Álvaro** (Rayo de Barcelona) - **Dorkis** (Porcinos FC) - **Iván Nuevo** (xBuyer Team) - **Raúl Martínez** (Jijantes FC) - **Marc Arús** (xBuyer Team) - **Pol Lechuga** (Ultimate Móstoles) - **David Soriano** (Porcinos FC) - **Sergio Civico** (Ultimate Móstoles) - **Xavi Molas** (1K FC)	**Los Troncos FC**
- **David López** (Porcinos FC) - **Uri Pons** (Porcinos FC) - **Sauras** (1K FC) - **Raúl Martínez** (Los Troncos FC) - **Franc** (xBuyer Team) - **José Segovia** (Porcinos FC) - **Ros** (El Barrio)	- **Noel Bayarri** (Porcinos FC) - **Raúl Dorado** (xBuyer Team) - **Maca** (Aniquiladores FC) - **Pol Zapata** (Aniquiladores FC) - **Lluis Alsina** (1K FC)	**Jijantes FC**

	▲ ALTAS	▼ BAJAS
Saiyans FC	- **Aleix** (Ultimate Móstoles) - **Roger** (Aniquiladores FC) - **Lucca** (Ultimate Móstoles) - **Oriol Boada** (El Barrio) - **Daniel Pérez** (Aniquiladores FC) - **Román** (1K FC) - **Joan Poch** (xBuyer Team) - **Jadir** (Aniquiladores FC) - **Llur** (Ultimate Móstoles) - **Galvany** (Aniquiladores FC)	- **Feliu** (Ultimate Móstoles) - **David Alba** (Aniquiladores FC) - **Gio Ferinu** (Ultimate Móstoles) - **Cristian Valle** (Porcinos FC) - **Fajardo** (El Barrio) - **Víctor Rorres** (PIO FC) - **Marc Briones** (Porcinos FC) - **Temo** (Porcinos FC) - **Campu** (Kunisports) - **Roger Carbó** (xBuyer Team)
Kunisports	- **Noel López** (Los Troncos FC) - **Carlitos** (PIO FC) - **Campu** (Saiyans FC) - **Carlinhos** (PIO FC) - **Iñaki** (xBuyer Team) - **Benjamín Sierra** (xBuyer Team) - **Baranera** (El Barrio)	- **Guerrero** (1K FC) - **Víctor Hidalgo** (xBuyer Team) - **Torrentbó** (El Barrio) - **Miki** (xBuyer Team) - **Ruggeri** (Porcinos FC) - **Lluc** (Rayo de Barcelona) - **Nacho Jordá** (Porcinos FC)
xBuyer Team	- **Pablo Beguer** (El Barrio) - **Iván Nuevo** (Los Troncos FC) - **Dorado** (Jijantes FC) - **Marc Arús** (Los Troncos FC) - **Hidalgo** (Kunisports) - **Miki** (Kunisports) - **Roger Carbó** (Saiyans FC) - **Dani Pérez** (Rayo de Barcelona)	- **Carlos Castro** (xBuyer Team) - **Goran Ehsan** (Los Troncos FC) - **Sep Corderas** (Los Troncos FC) - **Franc Cortés** (Jijantes FC) - **Joel Banyuls** (Ultimate Móstoles) - **Dani Santiago** (Rayo de Barcelona) - **Joan Poch** (Saiyans FC) - **Iñaki Villalba** (Kunisports) - **Benjamín Sierra** (Kunisports) - **Granero** (1K FC)
Aniquiladores FC	- **Pau ZZ** (El Barrio) - **David Alba** (Saiyans FC) - **Guillem ZZ** (Rayo de Barcelona) - **Maca** (Jijantes FC) - **Pol** (Jijantes FC) - **Mario Reyes** (Rayo de Barcelona) - **Jonathan** (Rayo de Barcelona)	- **Roger Bonet** (Saiyans FC) - **Gilles Vidal** (El Barrio) - **Dani Pérez** (Saiyans FC) - **Jadir** (Saiyans FC) - **Andrés** (Rayo de Barcelona) - **Marc Galvany** (Saiyans FC)

▲ ALTAS	▼ BAJAS	
- **Kilian** (Porcinos FC) - **Sergi** (Porcinos FC) - **Arché** (Ultimate Móstoles) - **Bernat Juárez** (PIO FC) - **Iker** (Ultimate Móstoles) - **Fajardo** (Saiyans FC) - **Gilles Vidal** (Aniquiladores FC) - **Torrentbó** (Kunisports) - **Marino** (1K FC) - **Pau Fer** (PIO FC)	- **Jacobo** (Porcinos FC) - **Olae** (PIO FC) - **Pau ZZ** (Aniquiladores FC) - **Pablo Beguer** (xBuyer Team) - **Ubón** (Ultimate Móstoles) - **José Juan** (El Barrio) - **Aleix Masseguí** (Ultimate Móstoles) - **Oriol Boada** (Saiyans FC) - **Baranera** (Kunisports)	**El Barrio**
- **Guerrero** (Kunisports) - **Canet** (Rayo de Barcelona) - **Xavi Molas** (Los Troncos FC) - **Cokita** (PIO FC) - **Granero** (xBuyer Team) - **Alsina** (Jijantes FC)	- **Alberto Bueno** (Porcinos FC) - **Sergi Sauras** (Jijantes FC) - **Günter** (Los Troncos FC) - **Bruno Gumà** (Rayo de Barcelona) - **Sorroche** (Los Troncos FC) - **Román Alegre** (Saiyans FC) - **Pluvins** (PIO FC) - **Marino** (El Barrio) - **Oscar Rivero** (PIO FC)	**1K FC**
- **Olae** (El Barrio) - **Diego Morata** (Entrenador) - **Víctor Torres** (Saiyans FC) - **Álex Race** (Rayo de Barcelona) - **Alejandro** (Rayo de Barcelona) - **Pluvins** (1K FC) - **Rivero** (1K FC)	- **Gerardo Torrado** (Entrenador) - **Bernat Juárez** (El Barrio) - **Carlitos** (Kunisports) - **Carlinhos** (Kunisports) - **Adri** (Rayo de Barcelona) - **Cokita** (1K FC) - **Pau Fer** (El Barrio)	**PIO FC**
- **Efrén Guillén** (Entrenador) - **Nacho** (Ultimate Móstoles) - **Edgar Álvaro** (Los Troncos FC) - **Zea** (Ultimate Móstoles) - **Rode** (Kunisports) - **Bruno** (1K FC) - **José Blanco** (Porcinos FC) - **Dani** (xBuyer Team) - **Adri** (PIO FC) - **Lluc** (Kunisports) - **Andrés** (Aniquiladores FC)	- **Pol Marcó, «Poloteli»** (Rayo de Barcelona) - **Marc Pelaz** (Los Troncos FC) - **Joan Canet** (1K FC) - **Guillem ZZ** (Aniquiladores FC) - **Adri Biboum** (Los Troncos FC) - **Álex Race** (PIO FC) - **Alejandro** (PIO FC) - **Mario Reyes** (Aniquiladores FC) - **Jonathan** (Aniquiladores FC) - **Dani Pérez** (xBuyer Team)	**Rayo de Barcelona**

CLÁUSULAS

EL BARRIO

Ubón	Beguer	Ros	Pau ZZ	O. Boada
110M	72M	48M	40M	25M

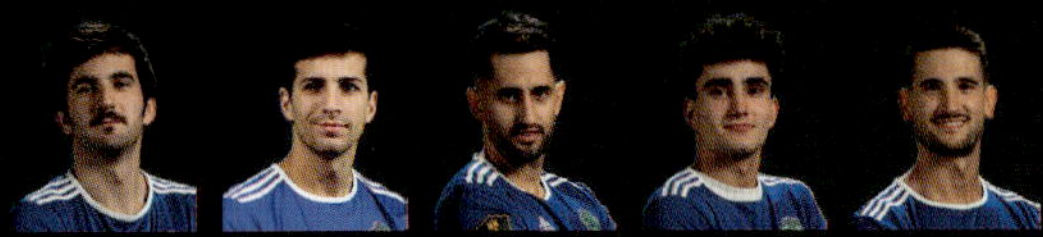

Jacobo	Olae	Capilla	Baranera	Mase
1M	1M	1M	1M	1M

SAIYANS FC

R. Carbó	Briones	Campu	V. Torres	Gio Ferinu
101M	70M	55M	33M	22M

Temo	Fajardo	David Alba	Feliu	C. Valle
15M	1M	1M	1M	1M

PORCINOS FC

G. Cichero	Uri Pons	J. Segovia	Lao	J. Blanco
71M	60M	48M	35M	30M

Sergi	David L.L.	Carlitos G.	Toti	Killian
20M	20M	8M	7M	1M

ULTIMATE MÓSTOLES

Arché	Ian	Guti	Iu	Nacho
81M	81M	80M	30M	15M

Llur	Lucca	Zea	Aleix	Iker
5M	5M	1M	1M	1M

ANIQUILADORES FC

Gilles V.	Daniel P.	Galvany	Pau Mañé	Bernat
90M	70M	60M	28M	20M
Jorquera	**Roger**	**X. Morales**	**Jadir**	**Andrés**
20M	5M	5M	1M	1M

LOS TRONCOS FC

E. Álvaro	Sergio S.	Noel L.	D. Soriano	Dorkis
125M	55M	55M	24M	18M
P. Lechuga	**X. Molas**	**Arús, M.**	**I. Nuevo**	**R. Martínez**
15M	5M	1M	1M	1M

KUNISPORTS

Torrentbó	Joan Inés	Víctor	Guerrero	Ruggeri
83M	75M	46M	42M	40M
Miki	**Hidalgo**	**Lluc**	**Rode**	**Nacho J.**
4M	4M	3M	2M	1M

1K FC

Roman	Pluvins	Rivero	Sorroche	Ledo
83M	82M	35M	35M	30M
Sauras	**Günter**	**Marino**	**Bruno**	**Ricardo**
10M	10M	5M	5M	5M

XBUYER TEAM

Joan Poch	Dani	Bañuls	Capi	Iñaki
105M	44M	44M	40M	38M

Granero	B. Sierra	Sep	Franc	Goran
22M	4M	1M	1M	1M

RAYO DE BARCELONA

Pelaz	M. Reyes	Franky P.	Dani P.	Guillem ZZ
120M	75M	34M	29M	20M

Canet	Biboum M.	Alejandro	Jonathan	Alex Race
8M	8M	2M	2M	2M

PIO FC

Pau Fer	Jorge	Cokita	Carlitos	A. Ropero
90M	80M	65M	35M	25M

Carlinhos	Adri	B. Juárez	I. Cabello	Turner
1M	1M	1M	1M	1M

JIJANTES FC

Pol	Alsina	Iván	Maca	Mario
80M	75M	75M	25M	15M

Dorado	Noel	Jay	Quero	Arnau M.V.
10M	5M	5M	5M	5M

TOP-10

JUGADORES MÁS CAROS

Gilles Vidal
Aniquiladores ▸ El Barrio
90M

Pau Fer
PIO FC ▸ El Barrio
90M

Torrentbó
Kunisports ▸ El Barrio
83M

Román Alegre
1K FC ▸ Saiyans FC
83M

Ian González
U. Móstoles ▸ Los Troncos
81M

Lluis Alsina
Jijantes FC ▸ 1K FC
75M

Mario Reyes
Rayo BCN ▸ Aniquiladores
75M

Pablo Beguer
El Barrio ▸ xBuyer Team
72M

Pol Zapata
Jijantos FC ▸ Aniquiladores
70M

Marc Briones
Saiyans FC ▸ Porcinos FC
70M

TOP-3
MEJORES FICHAJES CALIDAD-PRECIO

No todos los grandes fichajes de la competición supusieron un gran desembolso de dinero. Los más perspicaces consiguieron hacerse con auténticos cracks a precio de ganga. Hemos seleccionado los tres mejores traspasos en relación calidad-precio:

Marc Granero

22M

xBuyer ▸ 1K FC

Parece que únicamente Iker Casillas se dio cuenta de que los Buyer habían puesto una cláusula demasiado baja a uno de los jugadores que debía ser franquicia en la competición. 1K se movió rápido en el mercado y se hizo con sus servicios, incorporando así a un jugador capaz de anotar 19 goles en el segundo split sin siquiera ser delantero.

Oriol Boada

25M

El Barrio ▸ Saiyans

Opacado por estrellas como Jacobo, Beguer o Ubón en el primer split, Saiyans de Dani Romo se fijaron en él para reforzar la punta de ataque y no se equivocaron. Boada deslumbró como si se tratara de Goku, firmando un buen segundo split con 7 tantos y una Kingdom Cup para el recuerdo: 12 goles en 6 encuentros.

David López

20M

Porcinos ▸ Jijantes

Nadie parecía demasiado ilusionado con la idea de ir a Jijantes tras un desastroso primer split, pero la reconstrucción de los de Gerard Romero insufló ilusión a toda su herida afición. David López lideró esta revolución desde la defensa y portando en ocasiones el brazalete de capitán. Honor al káiser metálico.

TOP-3
FICHAJES FRUSTRADOS

Hay incorporaciones que se quedaron en el tintero por diferentes motivos pero que, de haberse producido, hubieran cambiado el curso de la historia de la competición. Estos son los tres fichajes que podrían haber supuesto un giro completo de la competición:

Roger Carbó

Saiyans × Porcinos

El traspaso que hubiera cambiado la historia de la Kings League InfoJobs. El jugador de Saiyans pidió salir rumbo a la Porcineta, pero finalmente su presidente TheGrefg, en contra de la voluntad del futbolista, prefirió aceptar un intercambio por Joan Poch con los Buyer. Si no se hubiera ido con los macarras, el título del segundo split podría haber cambiado de manos.

Gilles Vidal

Aniquiladores × Jijantes

Era una de las debilidades secretas de Gerard Romero, que tenía apuntado al extremo en su libreta de posibles incorporaciones. Los dirigentes de Jijantes estaban dispuestos a desembolsar los noventa millones de su cláusula, pero tras mucho pensárselo, fue El Barrio el que se adelantó y se hizo con sus servicios.

Oriol Boada

El Barrio × Rayo BCN

Fue uno de los mejores traspasos en relación calidad-precio, pero antes de firmar por Saiyans estuvo a punto de salir a Rayo de Barcelona. El presidente Spursito llegó a negociar directamente con el jugador, pero al final aceptó el cambio de Pelaz por Edgar Álvaro y se quedó sin hueco en la punta de ataque.

EXPLICACIÓN MERCATO 2

En enero de 2024, antes del tercer split, se produjo la segunda ventana de mercato. Los equipos disponían de cien millones para llegar a pactos con los otros conjuntos, ya que en esta ocasión no se tuvieron que establecer cláusulas de rescisión.

El principal agitador del mercato fue Jijantes. Tras la petición de salida de Marc Pelaz de Los Troncos, la dirección deportiva de los azulgranas se puso en contacto con Perxitaa para intentar un acuerdo. En una larga negociación, en la que también pujó Rayo de Barcelona, se llevó a cabo al fin el traspaso: Marc Pelaz iría a Jijantes por 80 millones, una primera ronda del draft y Litus Ferres.

También fue reseñable el traspaso a tres bandas entre Kunisports, Saiyans y El Barrio. Los primeros recibieron la vuelta de Torrentbó y diez millones, mientras que enviaron a Sergi Gestí y su primera ronda del futuro draft a Saiyans, quien a su vez se desprendió de Oriol Boada y de diez millones, también de vuelta a El Barrio.

Tras su decepcionante final de 2023, PIO decidió reconstruirse de arriba abajo. Los de Samy Rivers incorporaron a Lasha L. Macharashvili (El Barrio), Jan Coca (Saiyans), Flavio Ruggeri y Carlos Omabegho (xBuyer) y Mini Bartu (1K).

Traspasos

- Juanma González
- Jandro Megía
- Torrentbó
- Marc Pelaz
- John de la Cruz
- Víctor Torres
- Román Alegre
- Lasha Macharashvili
- Litus Ferres
- Mini Bartu
- Flavio Ruggeri
- Jero Martín
- Alex García
- Xisco Verger ► abandona la Kings League
- Joan Coca
- Carlos Omabegho
- Oriol Boada
- Iván Pérez
- Joan Canet: Se reincorpora ►
- Gio Ferinu
- Adrià Escribano
- Sergi Gestí
- Adrià Escribano

TOP-5

JUGADORES MÁS INTERESANTES

Iván Pérez

Kunisports ▸ Jijantes FC

El ariete de Kunisports se destapó definitivamente durante el tercer split. Fue el causante de la gran mejoría de Jijantes, tras un inicio desastroso, aunque poco a poco se fue apagando.

David Sánchez + 20M

Jero Martín

Rayo BCN ▸ Saiyans FC

Revelación absoluta del curso. Poco a poco se fue ganando un puesto en los de Dani Romo, siendo incluso un habitual en las situaciones de uno contra por su velocidad y gran habilidad técnica.

Román Alegre + 20M

Marc Pelaz

Los Troncos ▸ Jijantes FC

Llegó a Jijantes con la vitola del gran traspaso del mercado y no desentonó en absoluto. Fue fundamental durante todo el split para aportar cuota goleadora y que Jijantes consiguiera el pase a las eliminatorias.

Litus Ferres + 80M + 1a ronda Draft

Mini Bartu

1K FC ▸ PIO FC

Aunque con PIO también tardó en marcar, cuando lo hizo ya no le frenaron. Cambió el rumbo del equipo de Rivers, que no conseguía vencer, y le permitió soñar con las eliminatorias.

John de la Cruz + 5M

Román Alegre

Saiyans FC ▸ Rayo BCN

Se volvió a ver la mejor versión de uno de los defensores que encandiló en el primer split. Su salida de balón por la izquierda es un privilegio para Rayo, y en fase defensiva suma gracias a su capacidad expeditiva.

Jero Martín + 20M

JUGADORES LEYENDA

Iker Casillas

Nadie puede olvidar el mítico «Chup Chup Kings» en el que un santo bajó del cielo y no era otro que san Iker Casillas.

En su primera participación como jugador de 1K, Casillas únicamente saltó al verde para intentar detener el penalti-presi de Ibai. Corría el minuto treinta y cinco, con 2-2 en el electrónico, cuando el presidente de Porcinos batió a Casillas desde el punto fatídico. Aunque Iker tocó el esférico, no consiguió desviarlo.

Hasta la séptima jornada del segundo split, no tuvo ocasión de reeditar un duelo histórico contra el Kun Agüero. En la tanda de shootout, Iker decidió quedarse bajo palos en el lanzamiento del Kun, en vez de achicar. El argentino disparó a la izquierda y Casillas le detuvo el penalti.

Joaquín Sánchez

El de la finta y el sprint. Joaquín Sánchez decidió enfundarse la camiseta de Los Troncos en su vuelta al fútbol. Lo hizo en uno de los escenarios que lo vio brillar semana tras semana: La Rosaleda.

Tras solo siete minutos, ingresó al campo en la semifinal que enfrentaba Los Troncos y Aniquiladores con motivo de la Kings Cup. El de El Puerto de Santamaría no tardó en dejar su huella en el encuentro: servicio medido, marca de la casa y asistencia para que Sergio Sánchez abriera el electrónico.

Su concurso en la Kings Cup dejó un buenísimo sabor de boca, especialmente en Los Troncos, que lograron junto con él el pase a la final.

Chicharito Hernández

Pocos podían creerlo, pero en la primera jornada de la historia de la Kings League InfoJobs, Ibai consiguió traer un jugador profesional en activo para formar parte de Porcinos. Ni más ni menos que al máximo goleador histórico de la selección mexicana: Chicharito Hernández.

El ariete, con el catorce a la espalda, se enfundó el brazalete de capitán y lideró a Porcinos en el encuentro ante Saiyans. Al final del encuentro, tuvo la victoria en sus botas para Porcinos, pero la madera se topó en su camino, privando a los de Ibai el primer triunfo de su historia.

Andriy Shevchenko

La séptima jornada del segundo split tuvo como gran aliciente la llegada del delantero ucraniano Andriy Shevchenko. Tras una intensa puja en el programa previo, DjMaRiiO se hizo con los servicios del ariete por diez millones. Sin duda, un precio irrisorio a cambio de poder disponer de un ganador del Balón de Oro (2004).

El ex del Milan y del Chelsea, entre otros, arrancó el encuentro como suplente, pero al poco entró al terreno de juego. Se mostró como todo un líder, dirigiendo desde dentro al equipo ante un Rayo de Barcelona que también realizó un gran encuentro.

El partido finalizó en tablas (3-3) y el ucraniano se animó a lanzar uno de los shootouts. El guardameta de Rayo de Barcelona, Nacho Berché, le atajó el disparo con una gran intervención; siempre podrá decir que le paró un penalti a Andriy Shevchenko.

Andrea Pirlo

En la quinta fecha del segundo split, Jijantes, de la mano de su presidente Gerard Romero, se aseguró la presencia de uno de los mejores centrocampistas de la historia del fútbol. Andrea Pirlo vistió la elástica azulgrana a cambio de dieciocho millones.

De la misma forma que Ronaldinho, al italiano también le tocó jugar ante PIO. Con el catorce a la espalda, Pirlo envió una falta directa, una de sus especialidades, a la cruceta. Pese a quedarse con la miel en los labios, el italiano dejó el listón muy alto.

Djibril Cissé

El delantero francés Djibril Cissé engrandeció la extensa lista de leyendas durante la segunda jornada del segundo split. El equipo comandado por Perxitaa consiguió hacerse con sus servicios como jugador 12.

Solo tres minutos después de debutar, Platane, nombre que escogió al formar parte de Los Troncos, ya estuvo a punto de marcar. Fue el preludio de una gran actuación, en la que se le vio muy adaptado. Su equipo, además, consiguió una contundente victoria ante PIO (7-3) en la que él fue altamente partícipe.

Javier Saviola

Como no podía ser de otra forma, el «Conejo» Saviola participó en la Kings League InfoJobs en el club de un compatriota argentino, Kunisports.

El argentino fue uno de los primeros jugadores leyendas en debutar en la competición. Lo hizo durante el primer split, como jugador número 12, concretamente en el encuentro ante xBuyer Team.

En la segunda mitad estuvo a punto de abrir su cuenta goleadora con un disparo que evitó Dani Santiago cayendo al suelo.

Ronaldinho

Fue el 26 de febrero de 2023 cuando el «Gaúcho» volvió a los terrenos de juego. La previa, con la lluvia cayendo sobre el suelo de Barcelona, el brasileño en la limusina rosa y la entrada entre caras de asombro en el Cupra Arena, fue absolutamente legendaria. Desde el mismo calentamiento Ronaldinho ya acaparó todas las miradas. La eterna sonrisa llegaba a la Kings.

En el quinto minuto, Juvenal decidió dar entrada a Ronaldinho y nada más ingresar al verde, Cichero le entregó el brazalete de capitán. Ya en la segunda mitad, tuvo su mejor ocasión para desnivelar el encuentro. Controló en la frontal, se giró ante Lopo, como si se tratara de un Barça-Espanyol, y disparó cruzado un balón que sacó con gran acierto Jorge Ibáñez.

Antes de finalizar, todavía hubo tiempo para una última genialidad de Ronaldinho, cuando le preguntaron si quería lanzar un shootout, y respondió: «Que salga otro, yo no voy a estar corriendo».

Kun Agüero

Bajo una máscara y ante millones de preguntas de la comunidad, el mundo de la Kings solo pensaba en quién era el Joker. Cuando apareció ante Ibai en el preludio de la tercera jornada, pocos podían imaginar el regreso del Kun Agüero a las canchas.

El delantero argentino, estrella absoluta del fútbol mundial, debutó con la elástica de su propio equipo ante Porcinos. Volvió haciendo lo que mejor se le da: marcar goles. Así, batió a Segovia con un zurdazo raso y cruzado.

En el segundo split, volvió para maravillar en dos encuentros magníficos. Anotó un doblete ante Ultimate Móstoles (victoria 4-3) y un hat-trick contra 1K (4-4). También jugó un par de partidos en la Kingdom Cup, con peor fortuna, en los que marcó un tanto.

BEHIND THE SCENES
LOS SECRETOS DE LA KINGS

Algunos de los secretos mejor guardados de la Kings League InfoJobs solo los poseían personas dentro de la organización Kosmos. Hasta ahora, claro. De forma exclusiva, Anna Tormo (*social media manager*), Raül Calàbria (director de contenido), Guillem Barquín (manager de contenido), Chema López (director de operaciones), Raquel Alvarado (coordinadora de vídeo), Virginia Díez (jefa de producción), Janna Mir (productora), Eric Sánchez (manager de competición) y Pol Rodríguez (*community manager*) han sido entrevistados para esta publicación y, en declaraciones únicas, nos relatan las historias no contadas de los momentos más épicos de la competición de fútbol más revolucionaria del mundo.

Los inicios

El equipo de Kosmos estuvo a punto de meter la pata cuando, en la presentación oficial de la Kings League Infojobs, en la sala Paral·lel 62 de Barcelona, se prepararon doce tronos para los presidentes de los doce equipos. Nadie había reparado en que xBuyer Team eran dos y no uno. Parte de la organización había pasado por alto este «pequeño detalle» y, a toda prisa y disimulando en la medida de lo posible, consiguieron casi milagrosamente un trono extra idéntico al resto.

Con todos los presidentes ya en su sitio, empezaron a desarrollarse las redes sociales. Anna Tormo, lo explica: «El primer tiktok se hizo con mi móvil y es de lo más cutre. Salen todos los presidentes saludando, diciendo su nombre y el de su equipo. Lo hice con ayuda porque yo no había hecho un tiktok en mi vida. Lo más flipante es que es el más visto de todos, con treinta millones de reproducciones. Cada vez que recargaba veía cien mil reproducciones más, no me lo podía creer».

Pruebas y draft

Para poder montar los equipos, se realizaron unas pruebas en las que se tuvo que cribar a once mil jugadores que habían presentado sus vídeos, aunque solo unos pocos llegaron a las pruebas físicas. El ma-

nager de contenido, Guillem Barquín, lo recuerda así: «Las hicimos en unos campos de fútbol de L'Hospitalet y creamos unos vídeos cortos con las mejores jugadas de cada jugador. Luego nos dimos cuenta de que esos vídeos no eran realmente útiles para saber cómo jugaba cada uno de ellos, porque estaban editados y eran demasiado cortos. Los presidentes y sus staffs técnicos tuvieron que basarse en esos vídeos, que no servían de mucho. En el siguiente draft cambiamos el sistema y subimos los partidillos enteros».

Además, no todo salió especialmente bien, aunque fueron problemas menores. Se encargaron dorsales para identificar a los jugadores (algo muy importante, ya que no eran conocidos y había que identificarlos de alguna manera) y se pegaron a los petos. Pero el pegamento se deshizo y a los dos minutos de juego los números estaban por el suelo, con lo que los técnicos evaluadores iban perdidos. Para el siguiente draft los dorsales se imprimieron directamente a los petos.

Llegaron personajes sorprendentes como Noel Bayarri, que se dio a conocer en el reality *Mujeres y hombres y viceversa*, y que acabó siendo escogido por Jijantes (y luego traspasado a Porcinos). O como Ricardo López, exportero del Manchester United, del Atlético de Madrid y de la Selección Española, que llegó a las pruebas en baja forma física y no lo eligió ningún equipo en el draft. Pero en el último momento y de rebote acabaría entrando en 1K para cubrir la baja de última hora del portero Tomás Mejía.

El debut

La primera idea de Kosmos era haber empezado la Kings League InfoJobs el 25 de diciembre, al estilo del Boxing Day de la Premier League. Todo estaba cuadrado, pero Ibai cerró de repente a Chicharito Hernández para jugar. El problema era que el internacional mexicano, por aquel entonces jugador de Los Angeles Galaxy, solo tenía permiso de su club para jugar el día 1 de enero. Desde la competición se

consideró que no se podía desaprovechar esa oportunidad, así que se retrasó el inicio y todos pudimos ver al crack debutar en la Kings en el primero de muchos partidos.

Aunque ese debut y todo lo que lo rodeó no fue fácil. Dos días antes del inicio, se realizó una primera jornada de ensayo en el Cupra Arena. En aquella ocasión, jugó Los Troncos contra Rayo de Barcelona y fue un auténtico drama. El encuentro se paró cada dos por tres y empezó a fallar todo: la cuenta atrás no se veía, las pantallas no funcionaban, los árbitros no se escuchaban entre ellos... El equipo de Kosmos tuvo que reunirse de urgencia a altas horas de la madrugada para decidir si habría jornada el día 1. Ninguno de los participantes lo veía claro, porque estaba todo muy verde. Pero claro, la carta de Chicharito estaba sobre la mesa y finalmente se decidió arriesgar. Por suerte, salió bien.

Juego

En la parte puramente del juego, el equipo de Kosmos también se encontró con problemas que tuvo que resolver a marchas forzadas. Todo fue un proceso de prueba-error. Hasta que no se hicieron partidos amistosos, no se sabía qué iba a pasar. De hecho, en los ensayos y durante los primeros encuentros pasaban cosas que no estaban ni en el reglamento, así que la organización tuvo que aplicar el sentido común para corregir los *bugs* del juego.

Las armas secretas tampoco tuvieron una adaptación sencilla. Eric Sánchez, manager de competición, nos lo cuenta: «Los que formamos el departamento de competición, le dijimos a Piqué que no lo veíamos para nada. Entre los presidentes, quizá hubo un porcentaje de 80 por ciento en contra y un 20 por ciento a favor. Pero a Gerard le dio igual y creo que es el hecho más destacable a nivel de juego en la Kings. Quedó bestial». La idea siempre ha sido evolucionar en el juego. Por ejemplo, el llamado «saque de waterpolo», en el que los jugadores corren desde su portería para hacerse con la posesión del balón; o la jaula, que suelta el balón desde el techo en lo que parece un salto entre dos del baloncesto.

La evolución del juego ha ido ligada también al arbitraje, tal y como relata Eric Sánchez: «Al principio todo era más *show*, incluso el arbitraje. Como la cosa se fue poniendo seria y más competitiva, la figura de los árbitros dejó de aparecer en los After Kings, los programas en directo, porque se empezó a generar cierto *hate*. Entre tanto cambio y tensión, tuvimos que ponernos las pilas con el nivel del arbitraje. Al principio, queríamos árbitros capaces de estar delante de una cámara, pero después cambiamos esa idea».

Ronaldinho

El momento culmen de audiencia llegó pronto, en el primer split, cuando un astro brasileño apareció en la Kings. Así lo relata Raül Calàbria: «Un miércoles al mediodía recibimos una llamada de urgencia de Oriol diciéndonos que Ibai lo había cerrado para el domingo. ¿Cómo? "Sí", me dice, "montad un programa para esta misma noche y lo anunciamos. Pero antes vamos a Castelldefels a grabar contenido con él". Colgué el teléfono y no sabía ni por dónde empezar. Tuvimos que llamar al equipo técnico, a los que nos alquilaban el plató y rezar para que estuvieran disponibles con tan poco margen. Lo montamos todo en un tiempo récord y en Castelldefels grabamos el *spot*, en el que Ibai y Piqué se encontraban a Ronaldinho en un restaurante. Todo contra reloj y con el máximo secretismo... Hasta que llegó el típico aguafiestas que dio la nota filtrando la foto. Creo que fue un trabajador del restaurante. Un gracioso».

El día del partido dejó un momento para el recuerdo al finalizar el encuentro. Así lo explica Eric Sánchez: «**Al acabar el tiempo reglamentario, Ronaldinho pensaba que el partido se terminaba con empate. Entonces, me tocó ir detrás de él y explicarle que había que jugar una tanda de penaltis shootout**. A él le pareció bien, pero cuando le dije que había que correr desde el centro del campo, me contestó que mejor lo hiciera otro».

Enigma 69

Su aparición fue idea de los hermanos Buyer, que buscaban algún jugador para mejorar su equipo. Un día llamaron a Kosmos y contaron su iniciativa: «Tenemos un futbolista que está todavía en activo, pero no puede

saberse quién es, así que le vamos a poner una máscara». Además, escogieron el nombre de Enigma 69. «El representante no quería que jugara por nada del mundo, por miedo a una posible lesión o a que lo descubrieran. Entonces, llamamos al jugador y tuvimos que ponerle manga larga y leggings para taparle los tatuajes. El calor por aquel entonces en el Cupra era mortal (el sistema de refrigeración aún estaba por llegar) y con tantas prendas se estaba asfixiando. Además, cuando llegó, no tenía botas. La imagen resultante, entre la máscara, las botas que no eran las adecuadas, toda la ropa y el pobre ahogándose... No dio el nivel que debía dar porque era imposible que lo diera», explica Eric Sánchez.

Joker

La historia del Joker empezó con las sorprendentes declaraciones del presidente de LaLiga, Javier Tebas, que calificó la Kings de «circo», apareciendo en todos los medios del país.

Igual que Enigma 69, la idea del Joker también fue cosa de un presidente, el Kun Agüero. Él mismo se dirigió a Kosmos para avisar de que iba a jugar en persona y se le ocurrió llegar disfrazado de payaso elegante. Para anunciarlo previamente en el Chup Chup se decidió que, para despistar, el Kun estuviera en el plató y conectar con el supuesto Joker por videollamada. En realidad, el Joker de la llamada era un amigo de Agüero, uno de los que mejor lo conoce, para poder responder con conocimiento de causa (sin hablar, asintiendo o negando con la cabeza) a las preguntas curiosas de los otros presidentes.

Casillas

Todavía en el primer split y después del debut de Agüero, llegó el día de la vuelta al verde de Casillas. «Para muchos, el día más divertido fue el de las alas de Iker, que era la primera vez que hacíamos un programa desde el Cupra. La gente no lo sabe, pero a Iker, sin llegar a tener vértigo, no le hacen mucha gracia las alturas... Pensábamos que nos diría que no, pero sorprendentemente aceptó a colgarse del plató. Obviamente, como todo, esta idea fue por la mañana y por la noche teníamos que grabar», nos cuenta Guillem Barquín.

La idea de Kosmos era sacar a Iker del plató para que pudiera colgarse y salir con las alas. Durante el programa, no le dejaban de llamar por teléfono, así que él mismo

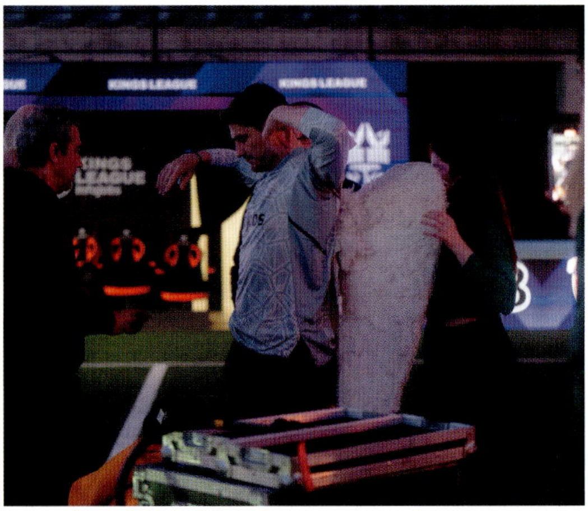

aprovechó una de estas llamadas para salirse de escena. Antes, la organización había avisado a los presidentes de que algo iba a ocurrir en el plató, pero que no reaccionaran antes de tiempo, porque si no el espectador no iba a saber qué estaba pasando. Realmente, aguantaron muy poco, porque a la que se subió a Iker a la grúa y se dieron cuenta, empezaron a ponerse las manos en la cabeza. Además, se lo dejó colgado un rato y este no paró de hacer tonterías. Fue absoluto cine.

No fue la única sorpresa de la jornada, ya que, para conmemorar el hito, se decidió inventar el penalti-presi. «Nació de rebote, porque nos parecía increíble aprovechar que Iker venía a jugar con que Ibai pudiera tirarle un penalti. Entonces, Gerard tiró de contactos y consiguió los vídeos de todos los jugadores de la selección para convencer a Ibai de chutar y también el de Mourinho, que fue la guinda perfecta», tal y como recuerda Guillem Barquín.

Camp Nou

Después del éxito de las primeras jornadas, la Kings League InfoJobs ya se había convertido en todo un fenómeno social, aunque todavía era difícil medir a ciencia cierta la repercusión real. Raül Calàbria nos cuenta así la idea de llenar uno de los templos del fútbol mundial: «En una reunión de las que solemos hacer, Piqué dijo: "Creo que podríamos llenar un estadio como Cornellà-El Prat". Todos nos miramos pensando que era imposible. Cuando dijo que al final íbamos al Camp Nou, definitivamente pensamos que estaba loco. Pero acertó». Sabiendo el lugar donde se iba a disputar la Final Four, empezaron a surgir las primeras ideas. Desde Kosmos se quiso que Piqué se lanzara en parapente con el trofeo cargado, pero pesaba demasiado. Algunas ideas sí prosperaron: «**El día de la negociación para entrar con el helicóptero fue surrealista. Tuvimos una reunión en la sede de los Mossos de Sabadell.** Empezamos explicando qué era la Kings y qué queríamos hacer y el más joven ahí tenía sesenta años. Vino incluso la Policía Nacional del Deporte, de Madrid. Éramos como unas quince personas reunidas y las caras que me ponían no las he visto en mi vida. La verdad, sigo sin entender cómo los convencimos», recuerda el director de operaciones Chema López.

Finalmente, el helicóptero aterrizó en los aledaños del Camp Nou, aunque en un principio la idea era que lo hiciera en el centro del campo. El mismo Chema

López lo explica: «Teníamos algunos permisos conseguidos ya, pero el plan aéreo todavía lo teníamos que presentar a la Policía y el mosso me cogió y me dijo: "Chema, por favor, no me lo pidas, no me pongas en esta tesitura". Entonces, nos dejaron aterrizar justo fuera, que era muchísimo menos peligroso».

El día del Camp Nou, el equipo estaba temblando a causa de la falta del realizador Álex Miñana, por baja médica, y el segundo realizador, Nil García, por luna de miel. Se planteó incluso pedir a Nil que volviera del viaje, desde la otra punta del mundo. Algo que, por piedad, se descartó. Finalmente, el primer realizador, Álex Miñana, entró por la puerta (algunos de los presentes aseguran que creyeron oír música celestial). Había sido tan insistente en el hospital que logró que le dieran un permiso especial para salir durante unas horas, porque por la noche lo obligaban a volver.

Una de las imágenes más recordadas del Camp Nou es la de la grada con las máscaras puestas, pero no todo salió realmente como parece, tal como explica la jefa de producción, Virginia Díez: «Tres días antes se nos ocurrió que podíamos hacer un récord mundial de máscaras puestas en el Camp Nou. Fue muy bueno, porque logramos tenerlas a tiempo y, cuando ya las teníamos todas colocadas en los asientos, se levantó un aire increíble y buena parte de ellas salieron volando. Lo salvamos como pudimos, recolocando algunas, pero nuestras caras fueron un poema».

La logística interna, de hecho, fue un auténtico caos nunca antes explicado. Por ejemplo, las arengas de los equipos se grabaron en uno de los vestuarios grandes del Camp Nou, pero luego debían trasladarse a otro. Así que por dentro se formó el caos absoluto, con gente corriendo y gritando, aunque en cámara nunca se pudo ver. Antes de la final, llegó el momento de los fuegos artificiales. Como tantos otros, fue un rato de máxima angustia, aunque los espectadores nunca tuvieran esa percepción. La organización tenía contratada la misma pirotécnica que en las celebraciones del Barça. La idea era tirarla al final, con la entrega de premios, pero los responsables del Camp Nou les alertaron que, por normativa, había que adelantarlos. Entonces, el equipo

tuvo que adaptarse. De hecho, cuando se iban a lanzar los fuegos, El Barrio todavía no estaba preparado para salir al campo, así que miembros del equipo tuvieron que entrar corriendo a los vestuarios para sacarlos de allí. Los jugadores estaban aún recuperándose de la semifinal, en plena charla técnica, y hubo que arrancarlos de ahí con fuertes discusiones para poder lanzar los fuegos artificiales a tiempo y que coincidiera con la salida de los equipos. Por suerte, la escenografía quedó muy bien y la gente pensó que estaba programado así.

No fue el único instante de máxima tensión. Durante la entrega de premios, en el momento de llevar las medallas al escenario, nadie las encontraba. Se las habían olvidado en la oficina. Chema López nos explica cómo tuvo que llevar a cabo la «operación medallas»: «Tuve que salir del Camp Nou a toda prisa, entrar en la oficina y volver más rápido aún. A la vuelta, pasé el primer control policial, pero en el segundo me pararon y me querían multar. Les di las llaves del coche, les dije que hicieran lo que quisieran, pero que yo tenía que irme. Salí corriendo por la calle con las medallas en la caja. Al llegar, empecé a meter las medallas a través de la verja del Camp Nou, porque estaba cerrada y no podía ni entrar. Ramón Bigordà, compañero de operaciones, estaba esperándome y salió corriendo con ellas. Literalmente, nos salió bien por diez segundos, porque cuando llegó al escenario fue justo cuando dijeron: "Y que suban los campeones"».

Al acabar el evento, Chema debió enfrentarse con la realidad: «Al salir del Camp Nou, estaba la pareja de la Guardia Urbana esperándome. Les había dejado el coche para ellos. Por suerte, me acabaron dejando ir a casa".

Metropolitano

La experiencia en el Metropolitano pareció relativamente más sencilla que en el Camp Nou, sobre todo porque el equipo ya tenía práctica en un gran evento. Aunque, a diferencia del Camp Nou, para lanzar el balón de la forma más espectacular posible se optó por un cañón: «Tenía tanta potencia que, si queríamos, llegaba hasta la cúpula del Metropolitano. **Así que solo podíamos ponerlo al 10-15 por ciento de potencia, porque al 80 la pelota se desintegraba de la fuerza con la que salía**», explica Chema López.

Para empezar la final, se decidió que un funambulista lanzara el balón desde lo alto del Metropolitano. «No sabíamos cómo podría hacer para llevar el balón y tirarlo. Y él nos dijo que si le dábamos una mochila de las que teníamos en la web, simplemente llevaría el balón ahí dentro y lo tiraría en el centro del campo. Nos parecía surrealista que lo contara con aquella sencillez», recuerda Raül Calàbria. «Cuando llegó el momento crucial, no sabemos por qué, se quedó quieto sin lanzar el balón. Si alguien hubiera escuchado los gritos que hubo a través de los walkies ...». Pasaron unos segundos interminables y, finalmente, lanzó el balón y todos respiraron aliviados.

La Rosaleda

Antes de la final de la Kings Cup y la Queens Cup, se anunció que Casillas iba a ser árbitro de la final. El *community manager*, Pol Rodríguez, tuvo su propia anécdota con Iker: «Desde redes, tuvimos la idea de recrear el meme de Iago Aspas diciendo: "Ahora me toca a mí". Fuimos a buscarlo a la sala de presidentes y estaba comiéndose unas patatas. Cuando le dijimos: "Somos de redes", su respuesta fue: "Ya venís a romperme las bolas". Después se quitó el personaje de gruñón y accedió... Y aunque nos costó, creo que salió muy bien».

La aparición de Joaquín tampoco fue sencilla, especialmente por su elección de equipo. El jugador debía escoger con qué equipo jugaría la Final Four el mismo día del evento, por lo que hubo que estampar cuatro camisetas distintas con su nombre y número. La duda saltó cuando tocó hacer la de Los Troncos, en el que los jugadores llevan pseudónimos de árboles o plantas. «Nosotros hablamos con Violeta (presidenta de Las Troncas), que es la que lleva estos temas en el club. **La avisamos de que le pondríamos Joaquín en la camiseta, pero nos dijo que no podía ser, que había que ponerle un nombre de planta o de árbol**. Y medio en cachondeo, se dijo de ponerle "Perejil", que es lo que terminó ocurriendo. Igualmente, imprimimos una también con "Joaquín" por si acaso», explica Eric Sánchez.

El tema hubiera quedado en una anécdota si no fuese porque Joaquín acabó escogiendo a Los Troncos y el problema se hizo realidad. Así prosigue el propio Eric Sánchez: «Violeta seguía empeñada en que o se ponía el nombre de planta o no jugaba, así que me tocó ir a hablar con él en su camerino. Le tuve que explicar todo el tema de los nombres de las plantas y su primera respuesta fue: "Pero ¿tú crees que Perejil va a quedar bien?". Le intenté vender que era un poco de *show*... Justo en ese momento llegó el representante y se lo tuve que explicar también. A él no le pareció nada bien. Entonces, Joaquín tuvo que intermediar y me pidió que le dejara las dos equipaciones y que decidiría en el último momento. Creo que Èric Bartra, que es el entrenador de Los Troncos y hermano de Marc, que había jugado con él, también fue a hablarle y ayudó en el tema. Cuando salió, lo vi con la camiseta de Perejil y me saqué un peso de encima tremendo».

Espontáneo

Uno de los temas más polémicos del tercer split fue el cambio de césped. No todos estuvieron de acuerdo en cambiar el color a negro y desde la organización se buscó montar el enésimo *show*. La idea, al inicio, era que salieran a protestar los Buyer, que eran los que más en contra del césped oscuro se habían mostrado. Pero ese día tenían como invitado a Lamine Yamal y estaban liados, así que se buscó una idea alternativa. Entonces el equipo apostó por que un aficionado de Ultimate Móstoles (DjMaRiiO era otro de los presidentes que se había mostrado contrario al césped negro) se encadenara a una portería en señal de protesta. Incluso se pactó con el club quién sería el espontáneo.

La idea se gestó solo un día antes de la jornada. Así lo explica la productora Janna Mir: «El sábado me llamó Raül y me dijo: "Te voy a contar una cosa supersecreta que no puede salir de aquí". Entonces, me explicó que estaba comprando unas tenazas, cadenas, unas esposas... Le tuve que decir que vigilara, que se iban a pensar que iba a cometer un crimen».

Janna prosigue: «En principio, no nos preocupamos de quién saldría, ya que estaba pactado que saltaría un seguidor de DjMaRiiO. Entonces, como suele pasar, a una hora para empezar la jornada (eran las tres de la tarde y el partido donde debía aparecer el espontáneo se jugaba a las seis), me viene Raül y me dice: **"Oye, que la hemos liado, no hay espontáneo".** Así que tuve que buscar una solución de urgencia. Por suerte, tenía un colega que venía de público y le dije que si podía salir a encadenarse a un palo. Me contestó que sí, como si nada... La verdad es que hasta me sorprendió».

El espontáneo apareció a tiempo. Víctor, su nombre real, consiguió perpetrar el plan a la perfección, e incluso le dio un toque personal. «Cuando llegó, hicimos las pruebas y todo pintaba bien. Su única preocupación fue si podía decir palabrotas, pero le recomendamos que mejor no lo hiciera. Entonces, cuando saltó, empezó a decir "Este césped es una castaña" y "Mi prima es daltónica". Se lo sacó de la manga, fue surrealista».

ANECDOTARIO NAVARROSA-VIZCAÍNO

Hay dos personas que han vivido desde dentro toda la evolución de la Kings League InfoJobs. Sin ellas sería imposible entender la parte comunicativa de la competición. Maestros de ceremonia, entrevistadores, presentadores de galas... Laura Vizcaíno y Víctor Navarro nos explican, de forma exclusiva, sus mejores anécdotas desde el inicio de la Kings.

Víctor Navarrosa

La historia de Víctor Navarro se inicia fuera de la competición, aunque finalmente pasó a integrar la estructura de la Kings League InfoJobs: «Empecé haciendo el Blog de Navarrosa, con el que disfruté mucho. Ahí he vivido un poco de todo. He llegado incluso a entrar en celebraciones en el vestuario y claro, te los encuentras saliendo de la ducha... Hay muchas veces que he tenido que editar el vídeo para que no se viera en pelotas a algún jugador. Mi móvil tiene mucho peligro», asegura Navarro.

El mote de Navarrosa apareció pronto, durante la previa de la Final Four del Camp Nou, aunque no fue en un buen momento: «Estaba en sala de prensa y tenía sinusitis, aunque todavía no me lo habían diagnosticado. **Me tuve que ir al baño y al volver a la sala de prensa, Piqué gritó: "¡NAVARROSA!". Todo el mundo se quedó flipando y ahí se me dio a conocer.** Yo ya estaba blanco y aún me quede más al ver que todo el mundo me miraba».

Durante la previa de la final de La Rosaleda, hubo un incidente con un concurso para ganar entradas: «En Málaga estábamos en un restaurante y lo primero que dijimos era que quien nos encontrara en un lugar determinado de la ciudad se llevaba entradas gratis. La gente se dio cuenta de qué restaurante era y

cuando salimos de allí había como treinta personas. Nosotros íbamos a dar, como máximo, cinco entradas dobles a los primeros que llegasen. Entonces nos tocó inventarnos una gincana. Nos inventamos el tema de la fuente, que realmente no estuvo bien. La liamos mucho diciendo que se metiesen en ella y al Ayuntamiento no le sentó nada bien. Una persona se hizo una pequeña herida, le di un paquete de clínex y lo solucionamos rápido para cortar la hemorragia, pero me puse muy nervioso».

Laura Vizcaíno

La periodista Laura Vizcaíno siempre ha sido la cara visible de las entrevistas postpartido, pero para para la guía nos explica algunas anécdotas de detrás de bambalinas: «Cuando vino el Joker era supersecreto, solo lo sabían Piqué y Oriol. Lo metieron en una sala en el Cupra y solo se sabía que jugaba en Kunisports».

Pronto, Vizcaíno empezó a sospechar quién se encontraba bajo la máscara del Joker: «Yo tuve que ir a hacerle un vídeo para las redes, pero no se podía saber su identidad. Pedí permiso para ir, porque se tenía que poner la máscara y todo, y cuando llegué vi que estaba con un acompañante. Nada más verlo, este me habló con acento argentino».

Tras ello, prosigue: «Al saludar al Joker, aunque estuviera todo tapado, me fijé en las manos, que era prácticamente lo único que llevaba destapado. De hecho, me saludó con la mano porque ni siquiera podía hablar. Recuerdo que le pregunté: **"No serás el Kun, ¿no?". Me dijo que no, pero soltó una carcajada.** Cuando entró el resto de gente de Kosmos, antes del partido, se quitó la máscara y me alegré de haber acertado.».

FINAL FOUR
SPOTIFY CAMP NOU

El Camp Nou se vistió de gala, colgando el cartel de **NO HAY ENTRADAS** para acoger la primera Final Four de la historia de la competición. Un total de 92.522 personas abarrotaron las gradas de uno de los templos del fútbol mundial para ver cómo El Barrio se alzaba campeón.

En el verde del estadio azulgrana, Aniquiladores, Los Troncos, El Barrio y Saiyans se vieron las caras con la gloria como objetivo. Pero únicamente los de Adri Contreras pudieron llevar a cabo su propósito.

En la primera semifinal, Aniquiladores y Los Troncos se midieron en un intensísimo encuentro. Gilles Vidal abrió la lata con dos goles antes de la media parte. Los Troncos se repusieron y empataron por mediación de Edgar Álvaro y Dorkis, este último con un misil directo a la escuadra. En los shootouts Los Troncos estuvieron más acertados y lograron el pase a la final.

La segunda semifinal nos dejó un brillante encuentro entre El Barrio y Saiyans. El marcador no varió hasta el dado, que nos dejó un dos contra dos para la historia. Ubón abrió el electrónico, pero Roger Carbó empató a renglón seguido. Beguer volvió a poner por delante a El Barrio, pero de nuevo Carbó igualó el partido. En la segunda mitad apareció la varita de *«Magic»* Ubón para adelantar una vez más a El Barrio. Un latigazo suyo desde la frontal puso el tercero en el marcador. Sin embargo, no se rindieron los de Saiyans, que volvieron a empatar el encuentro, esta vez con un penalti-presi transformado por TheGrefg. No fue hasta el descuento que se decidió esta agónica semifinal, con un centro de Beguer que remató de cabeza Ros para el delirio de Adri Contreras.

El Barrio y Aniquiladores se midieron en la gran final, ambos buscando el cetro. Juan Arroita repitió estrategia activando el penalti-presi en el inicio y esta vez Adri Contreras no falló ante Dani Pérez. Antes del minuto cuatro Mantovani marcó el segundo, alzándose más que nadie a la salida de un córner y batiendo a Dani con un remate picado. Los rojiblancos lo intentaron con pundonor hasta el final, pero fue El Barrio quien logró sentenciar la final al contragolpe. Mantovani se marchó en profundidad para definir por abajo y cerrar la Final Four.

FINAL FOUR CÍVITAS METROPOLITANO

El Metropolitano albergó la segunda Final Four de la historia de la Kings League InfoJobs en un compendio de nervios y tensión que finalizó coronando a xBuyer Team como el vencedor del segundo split.

En la primera semifinal, se reeditó la final del Camp Nou: El Barrio contra Aniquiladores. La presión ambiental atenazó a ambos conjuntos, que no pudieron abrir el marcador hasta la segunda mitad. Un centro cerrado de Nadir inauguró el marcador, pero Adri Conterars igualó con su penalti-presi. En la tanda de penaltis, los tantos de Gilles, Pareja y Mantovani fueron definitivos para El Barrio. La segunda semifinal enfrentó a Porcinos y a xBuyer Team. El equipo de los hermanos macarras se adelantó con un penalti, definido por Roger Carbó, y los de Ibai igualaron con la misma receta: penalti transformado por Alberto Bueno. **El dado tampoco desniveló el encuentro, aunque se vivió un uno contra uno para el recuerdo, con doblete de Fraile para Porcinos y de Carbó para xBuyer Team.**

En la segunda mitad, xBuyer Team se puso por delante con el tanto del MiniBuyer con el penalti-presi, pero Ibai empató de la misma forma. De nuevo, la eliminatoria se tenía que decidir en los shootouts, donde la maldición de Porcinos (solo Jacobo marcó en cinco lanzamientos) les privó de enfrentarse a El Barrio por el campeonato.

La gran final arrancó con El Barrio adelantándose con un misil de Gerard Nolla que se colaba por la escuadra. La alegría solo les duró dos minutos, que fue lo que tardó en llegar el empate, después de que Roger Carbó marcara desde la frontal. En la situación de dado, el propio Carbó puso por delante a xBuyer Team.

MiniBuyer fue el encargado de lanzar, de nuevo, el penalti-presi. Fue al inicio de la segunda mitad y el pequeño de los hermanos no perdonó. Sí que lo hizo Adri Contreras, que vio cómo Marc Arús, que entró únicamente para esta acción, le detenía el lanzamiento. La final se ponía muy de cara para los macarras (3-1), hasta que Torrentbó le robó la cartera a Miki y redujo distancias antes de la media hora de juego.

El Barrio volvía a estar en el partido, pero un minuto después volvió a aparecer el MVP del split. Jugada de tiralíneas y balón que Roger Carbó envió a guardar desde la frontal. **La final parecía tener siempre un giro de guion más** y Pau Fer volvió a meter a los de Adri Contreras en la lucha por el título, firmando el 3-4 tras un error en la salida de balón visitante. La tensión estaba por las nubes, más aún cuando Juan Arroita sacó una carta penalti. Torrentbó no perdonó y envió la final a la tanda fatídica.

Era el tercer partido de la Final Four y el tercero que se decidía en los shootouts. La igualdad fue total y todo tuvo que decidirse en la muerte súbita. Miki marcó para los Buyer, mientras que Pau Fer asumió la responsabilidad en El Barrio, pero su disparo impactó en la madera y dio el título a xBuyer Team.

FINAL FOUR WIZINK CENTER DE MADRID

El WiZink Center de Madrid se llenó hasta arriba para vivir en primera persona la quinta Final Four de la historia de las competiciones Kings.

La primera semifinal enfrentó a Jijantes contra Saiyans. El duelo entre los de TheGrefg y los de Gerard Romero fue intensísimo e igualado, sin abrirse hasta el dado previo al descanso. El máximo goleador del split, Dani Liñares, firmó un doblete en el dos contra dos, mientras que Jijantes solo pudo contestar con un latigazo de Nando Quesada.

Tras la reanudación los acontecimientos penalizaron a Jijantes. Carlos Contreras igualó el encuentro al aprovechar un rechace del poste, pero Saiyans aprovechó su arma secreta, un comodín, para transformar un penalty con Liñares. El penalti-presi de TheGrefg selló el pase de los suyos a la final (4-2).

La segunda semifinal enfrentó a dos grandes favoritos para el título final. Tanto Ultimate Móstoles como Aniquiladores estuvieron a la altura de las expectativas. Cristian Ubón no falló a su cita con el gol y abrió el electrónico. Durante el tiempo de dado, Mario Reyes fue el primero en marcar tras recuperar y definir sin portero. Contestó el portero de Ultimate, Víctor Vidal, marcando de campo a campo, pero Marc Jiménez volvió a poner las tablas. En la última jugada, Aleix Martí puso de nuevo a Ultimate Móstoles por delante.

Al inicio de la segunda mitad, Kilian Honorato marcó uno de los tantos más bellos de las finales. Feliu le cedió el balón, y desde unos veinte metros el ariete de los leones soltó un latigazo directo a la escuadra.

La semifinal entraba en el gol doble con ventaja de dos tantos para el Móstoles (4-2), pero esta se esfumó cuando Espinosa definió una gran asistencia con la testa de Guillem ZZ. Todo parecía indicar que el encuentro se iría a los shootouts, pero Corominas, prácticamente en la última acción del encuentro, se anticipó en el primer palo, para darle el pase a Ultimate Móstoles.

En la final, un crecido Ultimate Móstoles se puso por delante de Saiyans en una brillante primera mitad. El delantero internacional Fernando Llorente centró desde la izquierda y Augusto Fernández, sin fortuna, anotó el primero en propia meta.

No tardó en activar el penalti-presi Ultimate Móstoles y esta vez DjMaRiiO no perdonó. Por si fuera poco, Víctor Vidal se animó a disparar, en la situación de dado, y batió a Dani Pérez con un zurdazo.

Con tres goles de desventaja, Saiyans no se vino abajo. El jugador más determinante de las finales, Dani Liñares, recortó distancias todavía en la primera mitad. TheGrefg tampoco falló a su cita con el gol desde el punto de penalti y Liñares acabó por empatar en el minuto treinta y ocho, transformando el arma secreta de penalti shootout. La final entraba igualada al gol doble después de que Saiyans consiguiera levantar un 3-0 en contra. El duelo parecía destinado a los shootouts y, esta vez, Ultimate Móstoles probó su propia medicina. David López tiró una brillante pared con Dani Liñares y el jugador 13 no perdonó ante la salida a la desesperada de Víctor Vidal.

El MVP de los play-offs: Víctor Vidal

El arquero de Ultimate Móstoles tuvo una Final Four para el recuerdo, únicamente empañada por no poder levantar el título final. En las semifinales ante Aniquiladores marcó un tanto de campo a campo y en la final repitió en su faceta goleadora, esta vez con un latigazo raso de zurda.

El gol de los play-offs: Dani Liñares. Saiyans perdía por 3-0 ante los de DjMaRiiO cuando Liñares se echó el equipo a sus espaldas. Dani encaró a Eloy Pizarro, le tiró una bicicleta y, pese a salir por su peor perfil, disparó un latigazo de zurda que se coló por encima de Víctor Vidal.